SOLUTION

DU

PROBLÈME SOCIAL

PAR

P.-J. PROUDHON.

PARAISSANT CHAQUE SEMAINE PAR LIVRAISON DE TROIS A CINQ FEUILLES,
Ensemble vingt à vingt-deux livraisons.

*1*ᵉ-**Livraison.**

PARIS.

PILHES, EDITEUR, RUE CROIX-DES-PETITS-CHAMPS, 9.

GUILLAUMIN, RUE RICHELIEU, 14.

ET CHEZ LES PRINCIPAUX LIBRAIRES.

—

1848

OUVRAGES DU MÊME AUTEUR :

SOLUTION

DU

PROBLÈME SOCIAL

PARAISSANT CHAQUE SEMAINE PAR LIVRAISON DE TROIS A CINQ FEUILLES,

Ensemble vingt à vingt-deux livraisons.

PAR

P.-J. PROUDHON.

❖

2ᵉ Livraison.

❖

PARIS.

PILHES, ÉDITEUR, RUE CROIX-DES-PETITS-CHAMPS, 9,

GUILLAUMIN, RUE RICHELIEU, 14.

ET CHEZ LES PRINCIPAUX LIBRAIRES.

1848

SOLUTION

DU

PROBLÈME SOCIAL.

CHAPITRE I.

LA RÉVOLUTION EN 1848.

1. La révolution du 24 février est légitime, bien qu'elle ait été illégale.
2. Le Gouvernement provisoire n'a pas compris la révolution.

Paris, 22 mars 1848.

Un grand acte vient de s'accomplir, irrésistible, irrévocable.

Que chacun, suivant son inclination, en fasse son deuil ou s'en félicite ; mais que tous se préparent à l'imprévu : car, je vous le jure, la face du monde vient d'être changée.

Royauté, monarchie constitutionnelle, système représentatif, classe travailleuse et classe bourgeoise, et bien d'autres choses que je ne suis nullement pressé de dire, tout cela est désormais aussi loin de nous que la loi Gombette et les Capitulaires de Charlemagne. L'assemblée nationale qui va se réunir, si révolutionnaire qu'elle nous vienne, ne sera, aussi bien que la constitution qu'elle doit donner, que du provisoire. Ce n'est point avec des lambeaux de la constitution de l'an VIII, de celle de l'an III ou de l'an II, flanquées du *Contrat social* et de toutes les déclarations de Droits de Lafayette, de Condorcet et de Robespierre, que l'on traduira la pensée du Peuple. Notre illusion en ce moment est de croire à la possibilité d'une république dans le sens vulgaire du mot; et c'est chose risible que de voir nos tribuns arranger leurs fauteuils pour l'éternité. La dernière révolution contient autre chose : sans cela il faudrait dire qu'elle s'est accomplie par hasard, qu'elle est un accident sans cause et sans racines, en un mot, qu'elle est absurde.

Telle est aussi l'idée, tel est le doute qui, dans le secret des consciences, tourmente la nation, ceux qui occupent le pouvoir, aussi bien que ceux qui viennent de le perdre.

Tous les hommes qui, hier, s'attachaient à l'une des formes politiques maintenant disparues, conservateurs, dynastiques, légitimistes, et plus d'un même parmi les radicaux, également déroutés, regardent avec inquiétude cette République qui renaît, sous un étendard nouveau, un demi-siècle après ses funérailles. Depuis quand, se disent-ils, est-ce que les morts ressuscitent ? L'histoire rétrograde-t-elle? tourne-t-elle? se recommence-t-elle? La société a-t-elle ses époques palingénésiques, et le progrès ne serait-il qu'une série de restaurations?.....

Puis, passant rapidement du doute au désespoir:
Voyez, ajoutent-ils, cette révolution faite SANS IDÉE!
ce drame renouvelé moitié de 89, moitié de 93, appris dans des romans, répété dans des tabagies,
puis joué sur la place publique par des hommes qui
ne savent seulement pas que ce qu'ils viennent de
détruire a été la fin de ce qu'ils commencent! D'où
vient-elle, cette révolution? elle n'en sait rien. Où
va-t-elle? elle l'ignore. Qui est-elle? elle hésite sur
son propre nom, tant elle-même se connaît peu,
tant son apparition est factice, tant ce mot de
République semble un solécisme dans notre langue.

Le premier jour, c'est le renversement du ministère.

Le second jour, c'est la chute de l'opposition.

Le troisième jour, c'est l'abdication de Louis-Philippe.

Le quatrième jour, c'est le suffrage universel.

Le cinquième jour, c'est l'organisation du travail.

Le sixième, le septième jour, ce sera la communauté et le phalanstère! ...

Oh! le Gouvernement l'avait prédit : nous étions
tous aveugles, nous sommes tous dupes. La République, dont personne ne voulait, a surgi de
nos querelles, traînant à sa suite des saturnales inconnues. Entendez-vous les cris des Icariens, les
cantiques de Châtel, et ce bruit confus, horrible, de
toutes les sectes? Avez-vous vu ces hommes à visages
sinistres, pleins du vin de la liste civile, faire des
rondes à minuit, avec des chiffonnières nues, dans

la demeure royale ? Avez-vous compté les cadavres de ces cent trente héros, asphyxiés par l'alcool et la fumée, dans l'orgie de leur triomphe ?... Où s'arrêtera ce carnaval sanglant ? Quel dénoûment à cette fable, où l'on voit une nation entière, menée par une douzaine de mystagogues, figurer comme une troupe de comédiens ?...

Et voilà, reprennent-ils, voilà l'œuvre de cette Opposition qui se prétendait clairvoyante, qui niait les passions hostiles, qui se flattait de dompter l'émeute ; qui, maîtresse un instant du pouvoir, ayant quarante mille hommes de troupes, et quatre-vingt mille gardes nationaux pour faire respecter son mandat, n'a eu rien de plus pressé que de faire battre la retraite, et de laisser le champ libre à la République !

Voilà, répliquent les autres, le fruit de cette pensée immuable, qui, souillant tout, corrompant tout, ramenant tout à son égoïsme, faisant de toute vérité un mensonge, se jouant également de Dieu et des hommes, après dix-sept ans de perfidies, prétendit jusqu'à la dernière heure faire des conditions au pays, et dire à la liberté : Tu n'iras pas plus loin !

Voilà comme finissent les usurpateurs ; voilà comme sont emportés les hypocrites et les impies. La révolution de février ne peut se comparer qu'à un vomissement. Le peuple de Paris expulsant Louis-Philippe, était comme un malade qui rejette un ver par la bouche !...

Et cependant le Peuple est plus pauvre que jamais :

le bourgeois se ruine, l'ouvrier meurt de faim, l'Etat court à la banqueroute. Oh ! qu'allons-nous devenir ?...

Laissons les regrets aux timides, et les lamentations aux vaincus. La vérité n'est point dans ces récriminations.

Une révolution, précipitée par l'universel dégoût, vient de se produire. Il s'agit, non de l'exploiter, mais de la définir ; il s'agit d'en formuler le dogme, d'en tirer les conséquences légitimes.

Pendant que nos hommes d'Etat provisoires, saisis à l'improviste, se débattent dans le vide, cherchent leur chemin et ne trouvent que routine ou utopie, flattent le pays plutôt qu'ils ne le rassurent, proposent leurs idées au Peuple, au lieu de lui demander les siennes, se traînent dans l'ornière du vieux jacobinisme, obligés, pour excuser leur impuissance visible à tous les regards, de se réfugier dans leur dévoûment : essayons, nous, de comprendre, ou pour mieux dire, d'apprendre le Peuple.

Le Peuple, en faisant une révolution si soudaine, s'est imposé une tâche immense : le Peuple est comme ces travailleurs qui produisent d'autant plus et d'autant mieux, qu'ils sont écrasés de besogne. Le Peuple aura à souffrir, sans doute ; mais il ne faillira point à son œuvre : tout le danger est que ses chefs ne le devinent pas.

1. La révolution du 24 février est légitime, quoiqu'illégale.

Et d'abord, qui a fait la Révolution ? quel en est le véritable auteur ?

Tout le monde l'a dit : C'est le Peuple.

En effet, ce n'est pas l'Opposition, qui le 22 février, devant le *veto* des ministres, se désistait.

Ce n'est pas la garde nationale qui, malgré son sincère amour de la liberté et son dégoût du *Système*; malgré l'appui qu'elle a donné par ses armes à la révolte, redoutait une catastrophe autant au moins qu'elle souhaitait la chute des ministres.

Ce n'est pas la presse, puisque, le 23 au matin, la *Réforme*, la feuille la plus avancée du parti radical, posant les conditions auxquelles elle pensait pouvoir garantir le rétablissement de l'ordre, était loin de s'attendre à l'étonnant succès du lendemain.

Ce n'est point le socialisme, qui dans toutes ses publications prêchait aux ouvriers la patience, se défiant d'une République dans laquelle il ne pouvait voir que l'ajournement indéfini de ses utopies.

Ce n'est ni un parti, ni une secte qui a fait la Révolution, c'est le Peuple, le Peuple, dis-je, en dehors de tout parti et de toute secte; le vrai Peuple de 89, de 92 et de 1830. C'est lui dont la conscience a fait tout-à-coup explosion, et qui, en moins de temps qu'on n'en avait mis à bâcler la Charte, a constitué la République.

Que ce soit donc là notre principe premier : le
PEUPLE.

Et puisque le Peuple, c'est à dire tout le monde
en général, et en particulier personne, sans conseil,
sans direction, désavoué de ses orateurs et de ses
écrivains, mais entraîné par un impérieux enthousiasme, a fait ce que nous voyons: que tout à l'avenir,
institutions et réformes, sorte du Peuple, comme en
est sortie la victoire.

Mais, s'il est facile de reconnaître après coup les
actes du Peuple, il n'en est pas de même lorsqu'il
s'agit d'évoquer, en quelque sorte, du sein de l'avenir, les actes ultérieurs de la souveraineté populaire, qui seuls, cependant, peuvent servir de règle
aux gouvernemens. Le problème est d'autant plus
difficile, que les déterminations du Peuple paraissent
soumises à des lois tout autres que celles de la prudence individuelle.

Prenons pour exemple la dernière révolution.

Comment le Peuple s'est-il levé? pour qui, pourquoi a-t-il pris les armes ? son but, en ce grave événement? son idée, je dirai même son droit?

C'est ici qu'il faut étudier la logique du Peuple,
supérieure à la logique des philosophes, et qui seule
peut nous guider dans les obscurités de l'avenir, et
réformer nos cœurs et nos intelligences. Si, dans
ces mémorables journées, le Peuple se fût comporté
comme tout homme amoureux de la légalité n'eût
pas manqué de faire, il n'y aurait pas eu de révolution. Car, ne craignons pas de le dire, tout ce qui

s'est fait par le Peuple, a été fait en violation de la loi.

Le 20 février, par le manifeste de l'Opposition, la loi sur les attroupemens était violée.

La loi sur la garde nationale violée.

Je ne réponds même pas que, sur ce droit de réunion, objet de tant de querelles, la loi et la jurisprudence ne fussent, quoi qu'on ait dit, pour le ministère : à cet égard, la légalité aurait donc été encore violée.

Ce n'est pas tout.

La minorité représentative, agissant par intimidation sur la prérogative royale, violait la Charte ; l'abdication de Louis-Philippe, que la responsabilité ministérielle devait couvrir, violait la Charte ; la loi de régence était deux fois violée, d'abord, par la substitution de la duchesse d'Orléans au duc de Nemours, puis par l'appel fait à la Nation ; enfin le Peuple, faisant prévaloir sa volonté par la force, au lieu de s'en tenir à un acte juridique comme le voulait l'Opposition, foulait aux pieds toutes les lois.

Au rebours de ce qui s'était passé en 1830, le gouvernement, en 1848, était littéralement en règle ; et ce n'est pas sans raison que Louis-Philippe a pu dire, en mettant le pied sur le sol anglais : *Charles X a été détrôné pour avoir violé la Charte ; je le suis pour l'avoir défendue.*

Le Peuple, aussi dépourvu de textes que de munitions, était en rébellion flagrante contre la loi : cependant il n'hésita pas.

Quoi donc ? est-ce le peuple qui a été parjure ? est-ce que, par cette série d'illégalités qui fait toute l'histoire des 22, 23 et 24 février, la Révolution aurait été faite contre le Droit, et se trouverait, dans son principe, frappée de nullité ?

A Dieu ne plaise que le Peuple puisse jamais se tromper ni mentir. Je dis le Peuple, un et indivisible, prenez-y garde ; je n'entends pas par-là la multitude, ce qui n'est que pluralité sans unité.

Le Peuple raisonne avec une conscience et d'un point de vue supérieur à toute raison individuelle : c'est pour cela que ses conclusions sont presque toujours autres que celles des légistes. C'est un puissant généralisateur que le Peuple, comme vous allez voir.

Le Peuple est souverain. On nous l'a dit : cette vérité est descendue profondément dans les âmes ; elle est devenue la foi générale, et depuis 1830, personne ne proteste contre la souveraineté du Peuple.

Le Peuple souverain n'est obligé qu'envers lui-même. Nul ne traite avec lui d'égal à égal : et lorsqu'il se lève pour sa dignité offensée ou compromise, il est absurde de demander si cette manifestation du Peuple est légale ou illégale. Une constitution n'est point un contrat synallagmatique entre Roi et Peuple, entre législateurs et citoyens, entre mandans et mandataires. C'est le système par lequel le Peuple, l'homme collectif, organise éternellement ses fonctions, équilibre ses pouvoirs.

Le Peuple donc, lorsqu'il apprend que sa liberté

est en péril, et que le moment est venu pour lui de résister, ne comprend, ne peut comprendre qu'une chose: c'est qu'à lui appartient non pas de protester, mais de décider souverainement. Ils étaient bien ignorans, en vérité, des droits du Peuple et de sa logique, ceux-là qui, prenant pour exemple l'Angleterre (toujours l'Angleterre !) invitèrent le Peuple à venir avec eux signer une protestation contre la politique du Gouvernement. Protester ! grand Dieu ! c'était abdiquer. Le Peuple n'a pas besoin d'huissier pour signifier sa volonté ; il l'exprime par des actes. Quand il s'assemble, il entend que c'est lui qui juge et qui exécute.

Le 22 février, appel avait été formé par l'Opposition de l'arbitraire du Gouvernement à la raison du Peuple. Il s'agissait de prouver au pouvoir que l'opinion, que la France entière, condamnait la politique obstinément suivie depuis dix-sept ans, la pensée du règne. Mais l'Opposition voulait que le Peuple ne parût que pour donner son avis ; elle voulait, disait-elle, montrer par un fait que le Peuple était digne de cette liberté de réunion qu'on lui refusait; qu'il était capable en même temps de respecter le pouvoir et de protester contre le pouvoir. L'Opposition n'accordait au Peuple qu'une voix consultative, elle lui retirait la souveraineté.

C'est alors que quelques citoyens, dont quelques amis seulement savent les noms, se dirent qu'il y allait de la liberté ; que le Peuple ne pouvait mentir à son essence ; qu'il lui appartenait de mainte-

nir son autorité, non par une vaine contradiction,—
à qui donc le Peuple contredirait-il ? — mais par un
arrêt définitif.

Ces hommes-là pouvaient dire qu'ils portaient la
pensée de la France. Dans une nuit, le feu qui les
dévorait incendia la capitale ; huit jours après le
pays tout entier ratifiait leur résolution.

Or, s'il est vrai que l'acte du ministère qui inter-
disait le banquet, légal en soi, n'a été pour le Peuple
qu'une occasion ; s'il est vrai ensuite que la protestation toute parlementaire des députés de la
gauche n'a été à ses yeux qu'un cri d'alarme : sur
quoi tombe l'insurrection qui a suivi ? Y avait-il
raison suffisante de renverser le ministère, de chasser une dynastie, de changer la forme du gouvernement, de révolutionner de fond en comble la société ? Car c'est là, qu'on y prenne garde, que doit
se trouver la moralité de l'événement, et toute la
pensée révolutionnaire.

Disons-le tout de suite, et bien haut. Le soulève-
ment de février a été dirigé, non pas contre le
ministère : la question de portefeuille était indigne
de l'attention du Peuple ; — non pas contre le prince :
la royauté était pour lui chose encore trop secon-
daire ; — non pas même contre le *Système :* ce système,
pratiqué et défendu tour à tour par vingt ministères,
avait la sanction de la majorité représentative ; en
droit constitutionnel, le *Système* était sans reproche.

Ce que le Peuple a voulu frapper et détruire,
c'était la Constitution. Cela résulte à la fois, et des

illégalités que nous rappelions tout à l'heure, et du progrès des idées et des faits depuis dix-sept ans.

La Révolution de 1830, révolution légale, s'il en fut, avait été l'œuvre de la Bourgeoisie ; la classe ouvrière n'en avait été que l'instrument. Quant au Peuple lui-même, considéré dans son intégralité, il ne paraît pas qu'il eût d'autre but, en 1830, que de mener à fin l'essai du gouvernement constitutionnel, la grande idée de 89. La Bourgeoisie pouvait donc revendiquer la Révolution de juillet comme sa propriété : et comme la Bourgeoisie, formaliste par excellence, affectait surtout cette légalité juridique, délice des hommes d'État, mais dont le Peuple ne se soucie guère, toute la pensée de la Bourgeoisie fut de rendre inviolable à l'avenir une Constitution que le Roi avait violée : la Charte fut proclamée une vérité. Le Peuple, malgré les vives protestations des partis, se tut. Avec quelle raison? on le verra tout à l'heure.

Tout était louche, équivoque, incohérent, contradictoire dans cette Charte, espèce de contrat léonin, où tout était pour le prince, rien pour le Peuple. Sur les choses les plus essentielles, la Charte était muette ; et toujours ce silence était interprété en faveur soit de l'inertie du Gouvernement, soit de la prérogative royale, contre l'intérêt de la masse. Pendant dix-sept ans, le Gouvernement de Louis-Philippe a trouvé moyen, sans s'écarter jamais ostensiblement de la légalité, de se mettre toujours en travers des vœux, des idées, des sentimens du

Peuple. Ce mensonge constitutionnel, dénoncé par tous les hommes qui avaient occupé le pouvoir ou qui l'approchaient, a déterminé la révolution.

La Charte impliquait que le Gouvernement, comme la loi elle-même, n'était, ne pouvait être que l'expression de la volonté générale. Le roi était préposé par la nation, non pour modifier cette volonté, mais pour en assurer la sincère exécution. La puissance législative distribuée entre le roi, la chambre des pairs et la chambre des députés; le pouvoir exécutif commis à des ministres responsables, semblaient une combinaison heureuse, capable de maintenir l'équilibre. Mais, à tort ou à raison, il arrivait que la loi, que le Gouvernement était toujours plus l'œuvre du roi que des trois pouvoirs et des ministres, en sorte que la nation pouvait se dire souveraine, mais à condition seulement d'être du même avis que le roi. C'est ce que les conservateurs eux-mêmes avouaient hautement, attribuant à la prudence de Louis-Philippe tous les progrès du pays, comme d'autres lui en rapportaient tout le malaise.

La révolution de février a tranché la difficulté. Elle l'eût tranchée, remarquez-le bien, alors même qu'elle se serait arrêtée aux manifestations du 22 et du 23, sans aller jusqu'à l'abdication du roi, jusqu'à l'expulsion de la dynastie. Le ministère Barrot-Thiers renversait à tout jamais le Gouvernement personnel : la Charte ainsi élucidée, le Gouvernement tout entier changeait de forme. La question révolu-

tionnaire était ainsi posée depuis 1830 : En principe,
et au point de vue constitutionnel, la volonté du
prince doit-elle l'emporter sur la volonté du Peuple?
Et le 22 février 1848 le Peuple a répondu d'une manière définitive : Non, désormais ce sera ma volonté
qui prévaudra.

On accusait le Gouvernement de corruption. Et
les ministres de soutenir que la couronne ne faisait
qu'user d'une légitime influence. — Pas d'influence !
s'est écrié le Peuple.

Tout en s'inclinant devant la souveraineté du
Peuple, le Gouvernement, par je ne sais quelle théorie, était devenu l'apanage, la propriété de la classe
moyenne. J'admets que l'intention, sinon l'idée, ait
été bonne ; que même elle ait pu, en d'autre temps,
avoir son utilité. Mais le Peuple : Je ne l'entends pas
ainsi, dit-il. Dorénavant les ouvriers, comme les
bourgeois, auront part au Gouvernement.

Et tel était le sens de la réforme électorale, ap-
puyée, dans les derniers temps, par tout le monde.

Or, je répéterai ici l'observation que je faisais
tout à l'heure, savoir, que l'avènement de M. Barrot
au ministère donnait, sur ce point, satisfaction presque entière au vœu du Peuple. Ainsi, le Gouvernement personnel aboli, la réforme électorale et parlementaire obtenue, le roi restant aux Tuileries, la
royauté n'était déjà plus qu'un vain titre, la révolution était démocratiquement consommée.

Les événemens qui ont suivi n'ont été qu'une déduction rapide et sans moyens termes, des deux pré-

misses que l'Opposition, malgré son dévoûment dynastique, que le pays tout entier avait adoptées pour programme, savoir l'abolition du gouvernement personnel et la réforme électorale.

C'est ici qu'on va voir la question politique devenir question économique, et le Peuple qui avait assisté sans mot dire à la prorogation de la Charte, en juillet 1830, déclarer tout-à-coup que la Charte n'était plus rien, qu'il ne suffisait pas de réformer le Gouvernement, qu'il s'agissait de reconstituer la société.

Le Gouvernement personnel aboli, s'élevait une question délicate : Si le roi règne et ne gouverne pas, à quoi sert-il? Tous les auteurs de droit public, et en première ligne l'honorable M. de Cormenin, ont épuisé leur dialectique à démontrer cette étonnante proposition, que le propre de la royauté est d'être et de n'agir pas ; que tel est le nœud des garanties constitutionnelles, le palladium de la liberté et de l'ordre. M. de Lamartine, à qui je n'entends nullement adresser de reproche pour si peu, jusqu'au 25 février, a professé cette opinion. Et c'était également la pensée de M. Barrot lorsque, le 24, portant en main l'abdication de Louis-Philippe, il proposait de former immédiatement un conseil de régence.

Mais, se dit le Peuple, pourquoi un conseil de régence ne serait-il pas un conseil de Gouvernement? —Vive la République !

Le parasitisme proscrit dans son incarnation la plus haute, la royauté qui règne ; comme le despotisme l'avait été dans son expression la plus complète, la royauté qui gouverne; comme la vénalité, le privilége et l'agiotage l'avaient été dans leur source la plus profonde, la royauté qui corrompt : la question sociale se trouvait posée de fait et de droit. Aussi personne n'a-t-il pu prendre le change.

Le Peuple demandait, non pas comme le veulent certains utopistes, que le Gouvernement s'emparât du commerce, de l'industrie et de l'agriculture, pour les ajouter à ses attributions et faire de la nation française une nation de salariés ; mais qu'il s'occupât des choses du commerce, de l'agriculture et de l'industrie, de manière à favoriser, suivant les règles de la science, qui sont celles de la justice, le développement de la richesse publique, et à procurer l'amélioration matérielle et morale des classes pauvres. Et le Gouvernement de répondre que ces choses n'étaient point de sa compétence, qu'il ne s'en occuperait pas. C'était l'absolutisme politique servant de sauve garde à l'anarchie économique. — Mais moi, s'écria le Peuple en fureur, je veux que le Gouvernement s'en occupe.

Ainsi la réforme du gouvernement personnel contenait la réforme parlementaire; la réforme parlementaire contenait la réforme électorale ; la réforme électorale impliquait la réforme de la Constitution ; la réforme de la Constitution entraînait l'abolition de la royauté, et l'abolition de la royauté était synonyme d'une révolution sociale : encore une fois, les seuls qui aient compris la situation, c'est le Gouvernement d'un côté, et de l'autre le Peuple. Par cette simple protestation de la gauche, qui devait avoir lieu le 22 février, la Révolution tout entière était faite ; le Peuple n'a fait que dégager l'événement qui était dans la pensée de tout le monde : je défie qu'on renverse cette dialectique.

Une seule chose, dans ce grand acte, n'est pas du fait du Peuple, et la responsabilité en revient tout entière aux pouvoirs de l'Etat, comme à la bourgeoisie : c'est la date.

Il était fatal, providentiel si vous aimez mieux, qu'un peu plus tôt, un peu plus tard, la souveraineté du Peuple se reconstituât sur d'autres bases, et abolît, sinon peut-être de fait, au moins de droit, la monarchie. La Révolution pouvait être aussi longue qu'elle a été brusque ; elle pouvait être faite d'un commun accord entre la couronne, la classe travailleuse, et la classe bourgeoise ; elle pouvait s'opérer, en un mot, pacifiquement. Le progrès des idées était notoire ; le Peuple ne pouvait manquer un jour ou l'autre d'en déduire les conséquences : dans le parti conservateur même, on convenait généralement que les difficultés n'étaient plus politiques, mais sociales. Toute la question était de savoir quand et comment s'opérerait la transition.

Il a plu à l'opposition, dite dynastique ; il a plu à la Royauté, au parti conservateur, de précipiter le dénoûment.

Certes, on ne contestera pas que si le banquet, annoncé pour le 22, l'avait été pour le 23, la Révolution eût été retardée d'un jour, et l'existence de la royauté prolongée de vingt-quatre heures. Par la même raison, si M. Barrot eût été nommé ministre le 23, à la place de M. Molé, le retard pouvait être de six mois, d'un an, de dix années ; et c'est encore une question, aujourd'hui qu'il n'y a plus à en revenir, de savoir s'il n'eût pas mieux valu, pour le salut de tous, faire en trente ans ce que nous avons fait en trois jours, et allonger une date glorieuse, plutôt que de s'exposer aux chances d'une solution embarrassée.

J'ai contribué autant qu'il était en moi au succès des trois jours, ne voulant pas à l'heure du péril me séparer de mes frères qui combattaient, et désavouer leur héroïsme. Mais je n'en redoutais pas moins une victoire dont les suites m'étaient inconnues ; et c'est pour cela qu'aujourd'hui encore, dans l'incertitude de l'avenir et bien que je n'admette le retour d'aucune dynastie, je fais toutes réserves pour cette raison souveraine du Peuple, qui selon moi est infaillible, et ne peut être compromise. Personne n'était en mesure pour la République : cela ressort chaque jour des actes du Gouvernement. Malheureuse Opposition ! malheureux conservateurs ! Vous avez coupé le raisin vert : tâchez maintenant de le faire mûrir sur la paille !...

A présent nous ne pouvons plus reculer ; nous ne le devons pas, je ne le veux pas, je vous en défie. Il faut aller en avant. Le problème de la reconstitution sociale est posé, il faut le résoudre. Cette solution, nous ne l'apprendrons que du Peuple. Je vous ai montré tout-à-l'heure comment, en généralisant ses idées sur le gouvernement, le Peuple avait conclu tout-à-coup à une révolution, et converti la monarchie en république : voyez maintenant comment il procède à son nouvel œuvre, et placez-vous, s'il vous est possible, à la hauteur de ses idées.

La Révolution du 24 février n'était pas seulement une négation du principe monarchique, c'était une négation du principe représentatif, de la souveraineté des majorités.

Le Gouvernement provisoire avait déclaré d'abord que la France recevrait des institutions analogues à celles de l'ancienne Révolution, et serait constituée en République, sauf la ratification des citoyens. Le *National*, dans un article modéré, conciliant, on ne peut plus raisonnable, motivait, appuyait cette déclaration. Quoi de plus juste, en effet (dans la judiciaire des légistes), que de réserver l'adhésion des départemens? Le bon plaisir de quelques centaines d'insurgés pouvait-il annuler le droit de 35 millions d'hommes, et la proclamation faite à Paris de la République obliger les cœurs monarchiques des départemens? N'y avait-il point en cela contradiction au principe républicain? ne serait-ce pas une usurpation flagrante? Que le Gouvernement provisoire proposât, à la bonne heure; mais qu'il décidât, qu'il tranchât cette question de république, au moment même où il appelait les citoyens aux élections: quoi de plus dérisoire! Qu'est-ce donc que ce droit politique dont vous m'honorez, si sur la question la plus importante qui puisse m'être soumise vous m'en ôtez l'exercice ? En aimerais-je moins la République, si vous m'aviez permis de la constituer avec vous ?...

Tels étaient, le 25 février, les scrupules du Gouvernement provisoire, scrupules que, soit faiblesse, soit machiavélisme, il fit taire le lendemain. L'établissement de la République, dans la pensée du Gouvernement provisoire, a été une surprise, une violence faite au pays. Ce que le Peuple avait conçu dans sa haute raison, le Gouvernement provisoire l'a fait dans la mollesse, dans la duplicité de sa conscience.

Elle parlait assez haut, cependant, elle était assez intelligible, cette voix du Peuple. — « Si c'est moi, criait-elle, qui ai parlé à Paris, je ne puis me contredire à Bordeaux. Le Peuple est un et indivisible ; il n'est pas majorité et minorité ; il n'est point une multitude, il ne se scinde pas. Sa volonté ne se compte ni ne se pèse comme la monnaie, comme des suffrages d'actionnaires : elle est unanime. Partout où il y a division, ce n'est plus le Peuple : vos théories représentatives sont une négation de sa souveraineté. Le Peuple est toujours d'accord avec lui-même : tout se tient, tout se lie dans ses décisions ; tous ses jugemens sont identiques. Supposer qu'après l'événement du 24 février, préparé, prévu de si loin, accompli par le concours ou l'antagonisme de toutes les idées, la proclamation de la République pût être objet de controverse, c'était frapper de nullité tout ce que pendant ces trois jours avait fait le Peuple, et donner gain de cause à M. Guizot. »

En effet,

Si, après la déclaration du Peuple de Paris, la République doit être remise en question devant les assemblées électorales, cela suppose que la volonté du Peuple n'est pas unanime, et que cette volonté n'est autre que la volonté de la majorité.

Si c'est la majorité des suffrages qui fait la base de la Constitution, l'Opposition dynastique n'avait pas le droit de s'insurger contre la majorité conservatrice ; la garde nationale a eu tort d'appuyer l'Opposition, les ouvriers de suivre la garde nationale, et tous ensemble de faire violence au Gouvernement, puis de rompre le pacte, et de chasser la dynastie.

Si c'est la majorité qui fait le critérium du droit, il faut se hâter d'effacer les traces des barricades, restaurer les Tuileries, indemniser la liste civile, rappeler Louis-Philippe, rendre le portefeuille à M. Guizot, faire amende honorable à la chambre, et attendre en silence la décision des électeurs à 200 fr.

Alors vous verrez la majorité livrée à ses instincts égoïstes, et éclairée par l'événement, voter à la fois contre la réforme, contre les banquets, contre l'Opposition, contre la République.

Si c'est à la majorité de faire la loi, il faut dire encore que c'est à la majorité de la majorité, et ainsi de suite jusqu'à ce que nous soyons revenus au gouvernement personnel ; qu'ainsi le gouvernement appartient à la classe moyenne, élue par la majorité des assemblées primaires ; que la classe moyenne à son tour doit respect à sa propre majorité, à la majorité des électeurs ; que la majorité des électeurs doit obéir à la majorité des députés, la majorité des députés se soumettre au ministère, lequel est tenu de faire la volonté du roi, qui, en vertu de la majorité, règne et gouverne.

Jamais, avec la théorie représentative, on ne sortira de ce cercle ; et c'est justement hors de ce cercle que vient de se placer le Peuple. La loi de majorité, dit-il, n'est rien, si ce n'est comme transaction provisoire entre des opinions antagonistes, en attendant la solution du Peuple.

Ainsi, trois questions générales ont été résolues par la révolution du 24 février, en sens diamétralement contraire à toutes les idées reçues :

1. *Question de résistance légale.* — Le Peuple nous l'a dit une fois pour toutes : protester, pour lui, est synonyme d'ordonner ; blâmer est synonyme de s'opposer ; résister, synonyme de renverser l'objet de sa résistance.

2. *Question de réforme.* — L'Opposition, tout en demandant les mêmes choses et dans les mêmes termes que l'insurrection, mais ne les envisageant que séparément et en détail, réservait expressément dans sa protestation la monarchie, la charte, les institutions constitutionnelles, en même temps qu'elle ajournait, repoussait une réforme sociale.— Le Peuple, au contraire, embrassant toutes

les réformes demandées en un seul faisceau, a compris que de ce faisceau résultait une idée nouvelle qui abrogeait la royauté et la Charte : il a tout réduit en poussière, royauté et constitution.

3. *Question de majorité représentative.* — Tous les publicistes sont d'accord que le gouvernement comme la puissance législative ne peut s'exercer que par délégation ; que l'élection étant le seul mode connu de délivrer mandat, comme le vote est le seul moyen d'aboutir à une conclusion, c'est la majorité, non du Peuple, mais de ses représentans, qui fait la loi. Le Peuple, au rebours, a vu que l'autorité des majorités n'est point absolue ; qu'elle est sujette à caution et exception ; que, dans certains cas, il peut arriver que l'intégralité du Peuple soit condamnée par la majorité du Peuple ; qu'il y avait donc lieu de réviser ce principe dans la constitution nouvelle. Le Peuple a brisé la loi de majorité, au cri de *Vive la République !*

La République ! Telle est, n'en doutez pas, le vœu du Peuple. Il l'avait fait entendre en 92 ; et si ce vœu, toujours renaissant, n'a pas été rempli, la faute, certes, ne fut pas au Peuple : ce fut la faute de ses accoucheurs.

Voilà cette logique populaire, qui, si chaque citoyen la prenait pour règle, conduirait infailliblement à la guerre civile ; mais qui, dans cette individualité supérieure qui a nom le Peuple, conclut toujours à la paix et à l'unité. Prompte comme l'éclair, infaillible comme l'algèbre, la logique du

Peuple est la loi de l'histoire, la source du droit et du devoir, le principe de toute moralité, la sanction de toute justice. C'est elle qui punit le roi parjure et le vil fripon des mêmes balles civiques, étonnées de leur propre intelligence.

Que chacun, en ces jours difficiles, se tourne du côté du Peuple. Que chacun étudie cette pensée souveraine, qui n'est celle d'aucun parti, d'aucune école, et qui pourtant se laisse entrevoir dans toutes les écoles et dans tous les partis; qui saura se définir elle-même, et répondre à toutes nos questions, pourvu que nous sachions l'interroger.

INTERROGER LE PEUPLE ! Là est le secret de l'avenir.

INTERROGER LE PEUPLE ! c'est toute la science de la société.

Le Peuple, s'insurgeant en apparence contre un ministère détesté, a passé par-dessus les conservateurs, les dynastiques, les légitimistes, les démocrates, se moquant de toutes les théories, et plantant son drapeau à une distance infinie, par-delà toutes les fictions constitutionnelles.

Le Peuple saura nous dire ce que signifient ces mots de *République*, d'*Egalité* et de *Fraternité* qu'il a pris pour devise, et qui n'eurent jamais de sens positif en aucune langue. Combien, dans la spontanéité de son audace, il dépasse la prudence méticuleuse des philosophes! Philosophes, suivez le Peuple!...

2. Le Gouvernement provisoire n'a pas compris la Révolution.

Hélas ! A peine le Peuple a-t-il commencé de se faire entendre que la multitude usurpe son nom, que les discoureurs étouffent sa voix, et qu'à la place du Peuple, s'établit la tyrannie de ses courtisans. Depuis la Révolution le Peuple a cessé de parler, et nous voguons sans boussole, au vent de toutes les folies, sur un océan sans limites.

Je parcours les journaux ; je cherche dans les proclamations, dans les placards ; j'écoute la nuit, j'écoute le jour, si cette parole profonde, qui trois fois en trois jours, dominant les volontés et les événemens, nous a étonnés par ses hautes révélations, ne viendra plus frapper mon oreille et illuminer mon cœur. Jamais plus solennelle occasion ne fut donnée à des initiateurs. Jamais l'attention ne fut à plus haut point excitée, la faveur mieux acquise à qui saurait faire vibrer le verbe populaire. Tout s'est tu, pendant quelques instans, devant cette majesté invisible qui vous faisait frissonner jusqu'à l'âme, et dont on adorait les moindres simulacres.

Où en sommes-nous aujourd'hui ?

Je sais que les honorables citoyens qui composent le Gouvernement provisoire n'ont pas eu le temps de méditer leur programme, et qu'il leur a fallu payer de mots, en attendant que la Révolution produisît ses faits toute seule. Je sais quel est le zèle, la probité, le patriotisme de ces hommes nouveaux, aussi stupéfaits que nous de leur rôle. Je reconnais la supériorité de plusieurs : j'admets la bonne volonté de tous. Tous mes vœux sont qu'ils restent au pouvoir jusqu'au jour où l'Assemblée nationale, par son vote, aura régularisé le gouvernement. Aussi est-ce à la fatalité de leur situation, bien plus qu'à leurs personnes, que s'adresse ma critique. J'eusse pardonné au Gouvernement provisoire une, deux, trois erreurs, et autant d'inconséquences : mais en présence de témérités sans motifs, de contresens systématiques, d'un absolutisme que rien ne justifie, d'une réaction avouée, j'ai senti que la considération des hommes ne pouvait m'imposer le respect des actes, et je me suis dit que l'heure de l'opposition était venue.

L'opposition, disait M. Barrot, est le condiment de la liberté.

L'opposition, répondait M. Guizot, est la garantie de la constitution.

L'opposition, ajouterai-je, est le premier de nos droits, le plus saint de nos devoirs.

Quel spectacle s'offre à nous en ce moment !

La République transformée en une démocratie doctrinaire ; l'empirisme et l'utopie prenant la place des idées et faisant du Peuple une matière à expériences ; de petits hommes, de petites idées, de petits discours ; la médiocrité, le préjugé, le doute, bientôt peut-être la colère. La volonté du Peuple, qui devait grandir ses chefs, les amoindrit. On attendait de ces magistrats improvisés, portés sur les ailes de la Révolution, qu'ils ramèneraient la sécurité : ils sèment l'épouvante; — qu'ils feraient la lumière : ils créent le chaos; — qu'ils sauraient préciser la question, dire ce que le Peuple veut et ce qu'il ne veut pas : ils n'affirment rien, ils laissent tout croire, ils font tout craindre. Il fallait, en même temps, rassurer la propriété et donner des garanties au prolétariat par la conciliation de leur antagonisme; ils les mettent aux prises, ils soufflent la guerre sociale. On comptait sur des actes, ils produisent l'inertie. Comme pour témoigner de la défaillance de leurs cœurs, ils mettent à l'ordre du jour *la grandeur d'âme*. Sans foi dans l'avenir, ils déclarent le serment aboli, de peur que la République, trop tôt abîmée, ne devienne l'occasion de nouveaux parjures. On leur demandait du travail, ils forment des cadres; du crédit, ils décrètent les assignats; des débouchés, ils s'en réfèrent à l'attitude de la République. Une fois ils nous disent que *l'organisation du travail* ne se peut *faire d'un jour*; une autre fois que la question est *complexe*; quinze jours après, ils nous renvoient au bureau de placemens! Tout entiers à leurs souvenirs de la Montagne, au lieu de parler en économistes, ils nous répondent en jacobins. Le Peuple s'est retiré de ces hommes : ils *l'aiment*, cependant; ils daignent le lui dire. Mais rien, rien, rien ne décèle en eux l'intelligence de ce Peuple dont ils portent les destinées. Partout dans leurs actes, au lieu de ces pensées universelles, sublimes, qu'enfante le Peuple, vous ne trouvez que *chaudes allocutions*, *chaleureuses paroles*, communisme, routine, contradiction, discorde.

La première chose dont s'occupe le Gouvernement provisoire, c'est d'exclure le drapeau rouge. Certes, je n'ai nulle envie de faire du terrorisme, et je me soucie, au fond, du drapeau rouge comme de tous les drapeaux du monde. Mais puisque le Gouvernement provisoire attachait une si grande importance aux emblêmes, il devait, au moins, tâcher de comprendre celui-ci, et le réconcilier avec les honnêtes gens. Cette satisfaction était due aux hommes des barricades.

La révolution, on ne peut le nier, a été faite par le drapeau rouge : le Gouvernement provisoire a décidé de conserver le drapeau tricolore. Pour expliquer ce désaveu, M. de Lamartine a fait des discours, le *National* des dissertations. Le rouge, disent-ils, fut autrefois la couleur de la royauté ; le rouge est la couleur des Anglais ; c'est aussi celle de l'*exécrable* Bourbon, tyran des Deux-Siciles. Le rouge ne peut être la couleur de la France.

On ne dit point que le rouge est la couleur de la justice, la couleur de la souveraineté. Et puisque tous les hommes aiment le rouge, ne serait-ce point aussi que le rouge est le symbole de la fraternité humaine? Renier le drapeau rouge, la pourpre ! mais c'est la question sociale que vous éliminez. Toutes les fois que le Peuple, vaincu par la souffrance, a voulu exprimer, en dehors de cette léga-

lité juridique qui l'assassine, ses vœux et ses plain-
tes, il a marché sous une bannière rouge. Il est vrai
que le drapeau rouge n'a pas fait le tour du monde,
comme son heureux rival le drapeau tricolore. La
justice, a très bien dit M. de Lamartine, n'est pas
allée plus loin que le Champ-de-Mars. Elle est si ter-
rible, la justice, qu'on ne saurait trop la cacher.
Pauvre drapeau rouge ! tout le monde t'abandonne !
Eh bien ! moi, je t'embrasse ; je te serre contre ma
poitrine. Salut à la fraternité !

Gardons, si vous voulez, le drapeau tricolore,
symbole de notre nationalité. Mais souvenez-vous
que le drapeau rouge est le signe d'une révolution
qui sera la dernière. Le drapeau rouge ! c'est l'étendard fédéral du genre humain.

Le second acte du Gouvernement provisoire a été
l'abolition de la peine de mort pour délits politiques. S'il l'a cru nécessaire pour rassurer les esprits, peut-être a-t-il eu raison ? Mais comme principe, c'est dépourvu de sens : car voyez l'inconsé-
quence.

Le 24, le 25 février, et les jours suivans, des pa-
trouilles d'ouvriers, spontanément organisées pour
la police de la capitale, ont fusillé, sans aucune
forme de procès, les individus qu'elles surpre-
naient en délit de vol. Et cela a eu lieu aux applaudissemens universels, aux applaudissemens des propriétaires aussi bien que des prolétaires. Or, dites-
moi, d'où partait cette approbation unanime ?
N'est-ce point que le vol, en de telles circonstances,

est autre chose encore que vol ; que c'est un atten-
tat à la sûreté de l'État, un crime politique ? Donc,
il est des crimes politiques que le Peuple juge dignes
de mort et qu'il punit de la peine capitale, à l'insant
même où ses représentans inscrivent dans la loi l'abolition de cette peine. Et c'est ainsi que les hommes de
la terreur, de néfaste mémoire, justifiaient leurs exé-
cutions : la faute la plus légère devenait à leurs yeux
une trahison envers la Patrie. A Dieu ne plaise que
nous revoyions ces odieuses journées ! Mais n'est-il
pas clair que le Gouvernement, au lieu d'*abolir*,
chose qui n'est pas en son pouvoir, ferait mieux de
définir, et que c'est dans une détermination nouvelle
du droit pénal qu'il faut chercher la sécurité des citoyens ?

Abolissez, pour toute espèce de crime, la peine de
mort : et demain, l'homme dont le père aura été
assassiné, la fille violée, la réputation ou la fortune
ruinée, se fera justice de sa propre main. Et comment réprimerez-vous la vengeance privée, quand
la peine de mort sera abolie ? Il n'y a philanthropie
qui tienne : crimes sociaux, crimes politiques, crimes contre les personnes et les propriétés, tout est
soumis à la loi de compensation : c'est bien moins
le supplice qu'il faut supprimer, que le délit qu'il
s'agit de prévenir.

Après l'interdiction du drapeau rouge et l'abolition de la peine de mort pour les délits politiques,
est venu le décret d'accusation des ex-ministres.

Informer passe ; mais *accuser* est absurde, surtout après l'abolition de la peine de mort pour les délits politiques. De plus, c'est injurieux au Peuple.

Comment ! le Gouvernement provisoire n'a pas encore compris que les 22, 23 et 24 février sont la fin d'une constitution, et non le renversement d'un ministère ! Le mardi, M. Guizot pouvait être mis en accusation, mais seulement par les députés de la gauche : son crime était alors de jouer l'existence de la monarchie, et de compromettre, par un conflit, les institutions de juillet. Mercredi encore, M. Guizot, quoique démissionnaire, était responsable du sang versé : l'opposition triomphante pouvait lui demander compte de son intempestive résistance : car l'homme d'État doit céder quelquefois, même aux caprices de l'opinion. La victoire de jeudi absout M. Guizot. Elle a changé pour lui, comme pour tout le monde, le terrain de la légalité. Elle l'honore même en un sens, car elle prouve qu'il avait mieux jugé du Peuple que l'Opposition. M. Guizot ne pouvait être accusé qu'en vertu de la Charte : la Charte détruite, M. Guizot n'est plus justiciable que de sa conscience et de l'histoire ; il a le droit de décliner la compétence de la Révolution.

Pauvres politiques ! si vous ne l'eussiez décrété, il aurait fait, comme MM. Thiers et Barrot, acte d'adhésion à la République ; en se ralliant, il se serait puni. Pensez-vous donc châtier par la prison un homme de ce caractère ? Forcez-le de dire : *Je me suis trompé !* Prouvez-lui qu'au moment où il croyait la monarchie plus que jamais nécessaire, la République était la seule chose possible : c'est la seule expiation que vous puissiez imposer à cette belle, mais coupable intelligence.

Je sais qu'en décrétant M. Guizot, vous avez voulu donner au Peuple une sorte de satisfaction. Vous ne comprenez du Peuple que la vengeance. Tandis que le Peuple est à la révolution sociale, vous vous croyez tantôt sous la Terreur, et vous abolissez le drapeau rouge et la peine de mort ; tantôt sous la Charte, et c'est la Charte que vous restaurez en décrétant l'homme qui mieux que vous sut la défendre. Il est donc écrit, ô Peuple, qu'on ne te comprendra jamais !

Faut-il que je parle de tous ces décrets, tous plus incompréhensibles les uns que les autres, et dans lesquels éclate à chaque ligne l'inintelligence de la Révolution ?

Décret qui délie les fonctionnaires de leur serment.

C'est exactement comme si à Louis-Philippe succédait Henri V ou le prince Napoléon. Quoi ! il ne suffisait pas, à votre avis, pour la conscience des fonctionnaires, d'une révolution qui abolissait la monarchie constitutionnelle, qui non seulement évinçait la dynastie, qui changeait le principe ! Il fallait aux fonctionnaires l'absolution de M. Crémieux ! C'est pour cela que le Gouvernement provisoire a cumulé le spirituel et le temporel, s'attribuant, comme saint Pierre, le pouvoir de lier et de délier !

Plaisans casuistes, qui ne savez le premier mot du catéchisme politique! Si Louis-Philippe, si sa race vit encore, la royauté, sachez-le bien, est morte. Or, la royauté morte, vive la République! Cela ne souffre pas plus de difficulté que de passer de Louis XVIII à Charles X.

Décret qui garantit l'organisation du travail.

Remarquez cela. Ce n'est pas la République qui donne garantie, c'est le Gouvernement provisoire. Le Gouvernement provisoire tenait à ce qu'on sût que l'idée venait de plus haut que la République. Mais, à force de penser à l'idée, le rédacteur a oublié l'expression : qu'est-ce, je vous prie, que la *garantie* d'un *provisoire* ?

Et si le Gouvernement définitif n'organise pas? S'il trouve que ce n'est pas à lui d'organiser? S'il juge que ce mot d'*organisation du travail* ne traduit pas la pensée de la Révolution, qu'il est vide de sens? Si son premier acte est de décréter la liquidation des ateliers prétendus nationaux? Si les plans de la commission sont reconnus impossibles?.... Où est-ce que la République, après avoir fait les avances, prendra son indemnité? que sera pour elle la garantie du Gouvernement provisoire, quand elle aura englouti 50 millions?

Vraiment, citoyens du Gouvernement provisoire, vous avez bien fait, pour l'honneur de la République, de n'engager que votre garantie personnelle; mais pour nos finances?...

Décret qui ordonne la création d'ateliers nationaux.

Nous ne pouvions y échapper. « J'ai quatre petits enfants qui me demandent du pain, s'écrie la femme de Sganarelle. — Donne-leur le fouet, répond l'ivrogne. »

Nos organisateurs font comme Sganarelle. Il y a dans Paris 36,000 tailleurs sans ouvrage. Le Gouvernement provisoire leur offre des ciseaux, des aiguilles, des salles de couture, des presses pour le décatissage... — Mais du travail ?

La moitié des imprimeurs chôme. On créera aux 90 imprimeries de la capitale un supplément de matériel de 3 millions. — Mais du travail ?

Les chantiers de construction sont fermés. Vite on en établira d'autres à côté, pour leur faire concurrence. — Mais du travail ?

La librairie, ancienne et moderne, classique, politique, religieuse, médicale, regorge de livres qui ne se vendent pas. Il faut organiser la librairie. Le Gouvernement provisoire délivrera cinquante nouveaux brevets. — Mais des acheteurs ?

La passementerie, l'orfévrerie, la chapellerie, tous les corps d'état sont à bas. Venez tous, travailleurs ; quittez vos patrons ; associez-vous, organisez-vous : le Gouvernement provisoire vous délivrera des patentes, vous fournira des directeurs, des contrôleurs, des inspecteurs, des comptables, des gérans, des commis ; il en a de reste. — Mais des capitaux ? mais des demandes ? mais des débouchés ?

La moitié des maisons sont délabrées ; le quart des appartemens vides. Il faut augmenter la valeur de cette partie de la propriété foncière. — Le Gouvernement provisoire propose des plans pour la construction de casernes, d'hospices, de palais nationaux, afin de loger les ouvriers !

Les terres en exploitation sont mal cultivées ; l'agriculture manque de capitaux et de bras. — Le Gouvernement pense aux dunes, aux friches, aux bruyères, aux landes, à toutes les terres incultes et stériles !

Que les badauds trouvent cela superbe ; que les charlatans exploitent cet autre Mississipi ; que le trésor public, que le temps des travailleurs soient gaspillés : je ne m'y oppose pas. Mais qu'en dit le Peuple ?

Décret qui réduit les heures de travail, abolit les tâches et le marchandage.

Les ouvriers pensent à leurs intérêts, ils ont raison. Dans cette République corrompue dès le berceau comme une monarchie au cercueil, bavarde comme un roi constitutionnel, où l'on se dispute les places, les missions, commissions, délégations et tout ce qui rend de l'argent, les ouvriers ne pouvaient moins faire que de demander une diminution des heures de travail, soit une augmentation de salaire. Ils seraient bien dupes ! On leur a prouvé qu'ils travaillaient beaucoup et qu'ils gagnaient peu : ce qui est vrai. Ils en ont conclu que ce serait justice, s'ils se faisaient payer davantage, et travaillaient moins. Dans l'économie politique du Gouvernement provisoire, c'est irréprochable de raisonnement : mais je ne reconnais point là, je l'avoue, la logique de mon Peuple.

Informé que des maîtres font difficulté d'obéir à ses ordres, le Gouvernement provisoire rend de nouveaux décrets, expédie des circulaires, débite des harangues, portant en substance : *Que la production pourra souffrir de la réduction des heures de travail, mais que la volonté du Gouvernement doit être exécutée, et qu'elle le sera, advienne que pourra! Que les préfets aient à y tenir la main; qu'il y va de l'égalité et de la fraternité.*

Vous voilà donc, dictateurs de trois coudées, socialistes du drapeau tricolore, acculés, en quinze jours, au bon plaisir, à l'intimidation, à la violence! C'est ainsi que vous entendez le problème social! Et de trois mille patriotes qui vous écoutent, il n'y en a pas un qui vous siffle! Ce peuple bénin, si profondément monarchisé, crie *bravo!* à la tyrannie. Vous allez donc aussi décréter le taux des salaires! Puis, vous forcerez la vente; puis, vous requerrez le paiement, vous fixerez la valeur! Vraiment, si vous ne me donniez envie de rire, j'irais sur la place de l'Hôtel-de-Ville, et là je crierais de toute ma force : Citoyens! aux armes! vingt cartouches pour le Gouvernement provisoire!

Conçoit-on ces romanciers de la terreur, qui, en 1848, prennent les entrepreneurs d'industrie pour des seigneurs féodaux, les ouvriers pour des serfs, le travail pour une corvée? qui s'imaginent, après tant d'études sur la matière, que le prolétariat moderne résulte de l'oppression d'une caste? qui ignorent, ou font semblant d'ignorer, que ce qui a établi les heures de travail, déterminé le salaire, divisé les fonctions, développé la concurrence, constitué le capital en monopole, asservi le corps et l'âme du travailleur, c'est un système de causes fatales, indépendantes de la volonté des maîtres comme de celle des compagnons?... Parle donc, Peuple! parle, parle!

Décret qui fait des Tuileries les Invalides du Peuple.

Les Invalides du Peuple! la liste civile de la misère! Accordez cela, citoyen lecteur, avec l'égalité et la fraternité! Mais je crois les entendre, ces bons messieurs du Gouvernement provisoire : ce n'est pas d'égalité et de fraternité qu'ils se soucient, c'est d'avoir, à leur dévotion, une armée de prétoriens. C'est pour cela qu'ils excitent les passions cupides de l'ouvrier, qu'ils font de l'intimidation à la bourgeoisie en soulevant les masses contre elle. ADVIENNE QUE POURRA! Le travail, insurgé contre le capital, prêtera main forte à la dictature. Gare alors à qui rira, gare à qui se plaindra, gare à qui travaillera!

Circulaire du ministre de l'instruction publique aux recteurs sur l'instruction primaire.

Elle dit, en somme, que pour tout individu l'instruction primaire suffit ; mais qu'il faut à la République une ÉLITE d'hommes, et que cette ÉLITE, il faut la choisir dans tout le Peuple.

Est-il clair que le Gouvernement provisoire ne croit mot ni de l'égalité ni de la fraternité ? Nous pensions jusqu'ici, bonnes gens que nous sommes, que cette classe du Peuple , plus ou moins réelle, qu'on nomme *bourgeoisie*, était quelque chose comme l'élite du Peuple, et que c'était afin que tout le monde fît partie de l'élite, que nous avions fait la révolution. La circulaire du ministre renverse toutes nos idées. Il est vrai que la question est comme celle de l'*organisation du travail*, passablement complexe : il s'agit de savoir comment, sans faire tort aux supériorités naturelles, les citoyens pourront être égaux. Le Gouvernement provisoire sabre la difficulté : capacités, incapacités, sujets médiocres, sujets d'élite, qu'importe cela ? Ne sommes-nous pas tous Français, tous citoyens, tous frères ? Faisons un bon choix d'aristocrates, et vive la République !

J'en appelle aux assises du Peuple.

Gardons-nous toutefois de calomnier. Le Gouvernement provisoire n'a-t-il pas décrété que l'intérêt des sommes déposées aux caisses d'épargne serait porté à 5 p. 0⟦0, « attendu que l'intérêt des bons du » Trésor est aussi de 5 p. 0⟦0, que les fruits du travail doivent s'accroître de plus en plus, et que de » toutes les propriétés, la plus inviolable et la plus » sacrée c'est l'épargne du pauvre ? » Quel plus touchant témoignage de ses sentimens d'égalité pouvait donner le Gouvernement provisoire?

Sans doute, si les porteurs de bons du Trésor devaient seuls parfaire l'intérêt des caisses d'épargne. Mais si c'est le prolétaire, toujours le prolétaire, n'ayant ni bons du Trésor, ni livret d'épargne, qui doit payer l'un et l'autre intérêt, n'est-il pas clair qu'en mettant l'égalité entre les créanciers de la dette flottante, on a rendu l'inégalité entre les créanciers de l'État et les débiteurs de l'État, plus grande qu'auparavant?

L'épargne du pauvre! l'accroissement des fruits du travail! Quel bavardage hypocrite! C'est à dire que vous donnez plus à celui qui possède plus, et qu'à celui qui possède moins, vous enlevez le peu qu'il a. C'est de l'économie d'après l'Évangile. Mais ce que pense le Peuple, est-ce mot d'Évangile?

Le Gouvernement provisoire n'est pas moins fort sur l'équité que sur l'égalité.

La réduction de la journée de travail à dix heures, disent les maîtres, nous cause préjudice, et nous ne pouvons payer le même salaire qu'auparavant. — La diminution du salaire, répliquent les ouvriers, nous ôte la subsistance : notre sort serait pire qu'avant la Révolution !

Les termes sont nettement posés ; la contradiction est flagrante. Comment le Gouvernement provisoire va-t-il s'y prendre pour la résoudre?

Les salaires, dit-il, seront réglés de telle sorte que, la journée de travail restant fixée à dix heures au lieu de onze, les maîtres ne paient qu'une demi-heure de plus, et les ouvriers ne reçoivent qu'une demi-heure de moins!

Ce qui veut dire que la perte d'une heure de travail, qui d'abord était toute à la charge des maîtres, sera répartie, par égale part, entre les maîtres et les ouvriers.

Le Gouvernement provisoire prend un juste milieu pour une synthèse philosophique ! Mais le Peuple, qui doit travailler toujours davantage, produire davantage, profiter davantage ; le Peuple dira-t-il qu'il gagne, lorsque tout le monde perd?...

Décret qui ordonne l'établissement de comptoirs nationaux pour le petit commerce.

Le Gouvernement provisoire fait pour la banque comme pour le travail. L'argent manque, il fait des caisses pour le recevoir, des bureaux pour le compter. C'est ce qu'il appelle *organiser le crédit!*

Décret qui ordonne le remboursement des sommes versées à la caisse d'épargne, au dessus de 100 fr. en rentes 5 p.º/₀ au pair.

Décret qui autorise le ministre à vendre les diamans de la couronne, les biens de la liste civile et les bois de l'Etat.

Proclamation qui demande le paiement d'avance des contributions de l'année.

Décret qui ouvre un emprunt patriotique de 100 millions.

*Décret qui augmente la cote foncière de 45 cen-
times.*

*Décret qui proroge le remboursement des bons du
Trésor et des dépôts de la caisse d'épargne.*

Décret qui donne cours forcé aux billets de banque.
Etc., etc., etc., etc.

Ah! grands politiques, vous montrez le poing au
capital, et vous voilà prosternés devant la pièce de
cent sous! Vous voulez exterminer les Juifs, *les
rois de l'époque*, et vous adorez (en jurant, c'est vrai)
le veau d'or! Vous dites, ou vous laissez dire, que
l'Etat va s'emparer des chemins de fer, des canaux,
de la batellerie, du roulage, des mines, des sels :
qu'on établira des impôts sur les riches, impôt
somptuaire, impôt progressif, impôt sur les domestiques, les chevaux, les voitures; qu'on réduira les
emplois, les traitemens, les rentes, la propriété.
Vous provoquez la dépréciation de toutes les valeurs financières, industrielles, immobilières; vous
tarissez la source de tous les revenus ; vous glacez
le sang dans les veines au commerce, à l'industrie,
et puis vous conjurez le numéraire de circuler! vous
suppliez les riches épouvantés de ne pas le retenir!
Croyez-moi, citoyens dictateurs, si c'est là toute votre
science, hâtez-vous de vous réconcilier avec les Juifs;
renoncez à ces démonstrations de terrorisme qui
font courir les capitaux après la révolution comme
les chiens après les sergens de ville. Rentrez dans
ce *statu quo* conservateur, au delà duquel vous

n'apercevez rien et dont vous n'auriez dû jamais vous écarter. Car, dans la situation équivoque où vous êtes, vous ne pouvez vous défendre de toucher à la propriété ; et si vous portez la main sur la propriété, vous êtes perdus. Vous avez déjà un pied dans la banqueroute.

Excusez ma véhémence : l'erreur dans le pouvoir m'indigne presque à l'égal de la vénalité. — Non, vous ne comprenez rien aux choses de la révolution. Vous ne connaissez ni son principe, ni sa logique, ni sa justice ; vous ne parlez pas sa langue. Ce que vous prenez pour la voix du Peuple n'est que le mugissement de la multitude, ignorante comme vous des pensées du Peuple. Refoulez ces clameurs qui vous envahissent. Respect aux personnes, tolérance pour les opinions ; mais dédain pour les sectes qui rampent à vos pieds, et qui ne vous conseillent qu'afin de vous mieux compromettre. Les sectes sont les vipères de la révolution. Le Peuple n'est d'aucune secte. Abstenez-vous, le plus que vous pourrez, de réquisitions, de confiscations, surtout de législation ; et soyez sobres de destitutions. Conservez intact le dépôt de la République, et laissez la lumière se faire toute seule. Vous aurez bien mérité de la Patrie.

Vous, citoyen Dupont, vous êtes la probité au pouvoir. Restez à votre poste, restez-y jusqu'à la mort ; vous serez trop tôt remplacé.

Vous, citoyen Lamartine, vous êtes la poésie unie à la politique. Restez encore, bien que vous ne soyez pas diplomate. Nous aimons ce style grandiose, et le Peuple vous soufflera.

Vous, citoyen Arago, vous êtes la science dans le Gouvernement. Gardez le portefeuille : assez d'imbéciles vous succéderont.

Vous, citoyen Garnier-Pagès, vous avez vendu, vous avez aliéné, vous avez emprunté, et vous jouez du reste. Vous direz à l'Assemblée nationale que l'Etat ne possède plus rien, que son crédit n'a plus d'hypothèque que le patriotisme, que c'est fini. Vous prouverez par votre bilan que le Gouvernement n'est possible désormais que par une rénovation de la société, et que telle est l'alternative pour le pays : Ou la fraternité, ou la mort!

Vous, citoyens Albert et Louis Blanc, vous êtes un hiéroglyphe qui attend un Champollion. Restez donc comme figure hiéroglyphique, jusqu'à ce que vous soyez devinés.

Vous, citoyens Flocon et Ledru-Rollin, nous rendons justice à l'esprit qui vous pousse. Vous êtes, malgré votre vieux style, la pierre d'attente de la révolution. Restez donc pour l'intention, mais ne soyez pas si terribles dans la forme. On vous prendrait pour la queue de Robespierre.

Vous, citoyens Crémieux, Marie, Bethmont, Carnot, Marrast, vous symbolisez, sous des formes diverses, la nationalité, le patriotisme, l'idéal républicain. Mais vous ne sortez pas du négatif; vous n'êtes connus que comme démocrates; vos idées sont depuis 50 ans prescrites. Restez cependant : à défaut des réalités , nous avons besoin des symboles.

Et vous, les ex-dynastiques, bourgeois peureux comme chouettes, ne regrettez pas cette révolution qui était depuis long-temps accomplie dans vos idées, et que vos querelles parlementaires ont fait peut-être prématurément éclore. L'enfant né avant terme ne peut rentrer dans le sein de sa mère : il s'agit d'élever la révolution, non de l'envoyer aux gémonies. Ecoutez ce que je m'en vais vous dire, et regardez-le comme la profession de foi du prolétariat. Je vous parlerai avec franchise.

La révolution de 1848 est la liquidation de l'ancienne société, le point de départ d'une société nouvelle.

Cette liquidation est incompatible avec le rétablissement de la monarchie.

Elle ne se fera pas en un jour : elle durera vingt-cinq ans, cinquante ans, un siècle peut-être.

Nous pourrions la faire sans vous, contre vous : nous aimerions mieux qu'elle fût faite par vous. Vous en êtes, pour ainsi dire, par droit d'aînesse, par la supériorité de vos moyens, par votre habileté pratique, les syndics naturels. C'est à vous, par excellence, qu'il appartient d'*organiser le travail*. Nous ne voulons la réforme au préjudice de personne ; nous la voulons dans l'intérêt de tout le monde.

Ce que nous demandons est une certaine solidarité, non pas seulement abstraite, mais OFFICIELLE, de tous les producteurs entr'eux, de tous les con sommateurs entr'eux, et des producteurs avec les consommateurs. C'est la conversion en droit public, non des rêveries d'une commission, mais des lois absolues de la science économique. Vous êtes divisés, nous voulons vous réunir, et faire avec vous partie de la coalition. Nous attachons à ce pacte, dont tous nos efforts, toute notre intelligence doivent tendre à déterminer les clauses, la garantie de notre bien-être, le gage de notre perfectionnement moral et intellectuel.

Que pouvez-vous craindre?

La perte de vos propriétés? Entendez bien ceci. Il est indubitable que les articles de la nouvelle charte modifieront votre droit, et qu'une portion de cette NU-PROPRIÉTÉ, qui vous est si chère, d'individuelle qu'elle est deviendra réciproque. Vous pouvez être *expropriés*, mais *dépossédés* jamais, pas plus que le Peuple français ne peut être dépossédé de la France. Et cette nu-propriété, cause unique, selon nous, de vos embarras et de nos misères, ne vous sera pas ravie sans indemnité : autrement ce serait confiscation, violence et vol; ce serait propriété, non réforme.

Craignez-vous que les communistes ne vous prennent vos enfans et vos femmes? Comme s'ils n'avaient pas assez des leurs !... La communauté n'étant par essence rien de défini, est tout ce que l'on voudra. Le meilleur moyen que découvrira la philosophie de créer la liberté, l'égalité, la fraternité, sera pour les communistes la communauté. S'effrayer de la communauté, c'est avoir peur de rien.

Est-ce le retour du vieux jacobinisme uni au vieux babouvisme qui vous épouvante?

Nous n'aimons pas plus que vous ces doctrinaires de la démocratie, pour qui l'*organisation du travail* n'est qu'une fantaisie destinée à calmer l'effervescence populaire ; ces Cagliostro de la science sociale faisant de la fraternité une honteuse superstition. Et si nos manifestations semblent les défendre, c'est qu'ils représentent momentanément pour nous le principe qui a vaincu en février.

Conservateurs, deux politiques, deux routes différentes s'offrent en ce moment à vous.

Ou bien vous vous entendrez directement avec le prolétariat, sans préoccupation de forme gouvernementale, sans constitution préalable du pouvoir législatif, non plus que de l'exécutif. En fait de politique et de religion, le prolétariat est comme vous, sceptique. L'État, à nos yeux, c'est le sergent de ville, le valet de police du travail et du capital. Qu'on l'organise comme on voudra, pourvu qu'au lieu de commander, ce soit lui qui obéisse.

Dans ce premier cas, la transaction sera toute amiable, et ses articles seront la constitution de la France, la Charte de 1848.

Ou bien vous vous rallierez à la démocratie doctrinaire, à cet équivalent du pouvoir royal, nouveau système de bascule entre la bourgeoisie et le prolétariat, qui ne répugne point à une restauration monarchique, et pour qui la majorité des humains est fatalement condamnée à la peine et à la misère.

Dans ce cas, je vous le dis avec douleur, rien de fait ; et comme avec Louis-Philippe, ce sera bientôt à recommencer. Vous vous croirez habiles, et vous n'aurez toujours été qu'aveugles. Ce seront encore des 10 août, des 21 janvier, des 2 juin, des 9 thermidor, des journées de prairial et de vendémiaire, des 29 juillet, des 24 février. Vous reverrez des scènes à la Boissy-d'Anglas : il vous faudra recommencer tous les jours les massacres de Saint-Roch et de Transnonain : ce qui ne vous empêchera pas de tomber à la fin misérablement sous les balles du Peuple.

Citoyens, nous vous attendons avec confiance : soixante siècles de misère nous ont appris à attendre. Nous pouvons, pendant trois mois, vivre avec trois sous de pain par jour et par tête : c'est à vous de voir si vos capitaux peuvent jeûner aussi long-temps que nos estomacs.

CHAPITRE II.

LA DÉMOCRATIE.

1. Problème de la souveraineté du Peuple.—Conditions de la solution.
2. Si le suffrage universel exprime la souveraineté du Peuple.
3. Si la réforme sociale doit sortir de la réforme politique, ou la réforme politique de la réforme sociale. — Différence entre la démocratie et la république.

Paris, le 26 mars 1848.

Cieux, écoutez ; Terre, prête l'oreille : le Seigneur a parlé !

Ainsi s'écriaient les prophètes, lorsque, l'œil étincelant et la bouche écumante, ils annonçaient aux prévaricateurs et aux apostats la punition de leurs crimes. Ainsi parlait l'Eglise au moyen-âge ; et la terre, s'inclinant avec crainte, se signait à la voix du pontife, aux mandemens de ses évêques. Ainsi firent tour à tour Moïse, Elie, Jean-Baptiste, Mahomet, Luther, tous les fondateurs et réformateurs de religions, chaque nouvelle modification du dogme se posant comme émanée de l'autorité divine. Et toujours on vit les masses humaines se prosterner au nom du Très-Haut, et recevoir avec soumission la discipline des révélateurs.

4

Mais, se dit à la fin un philosophe, si Dieu a parlé, pourquoi n'ai-je rien entendu?...

Il a suffi de cette parole de doute pour ébranler l'Eglise, annuler les Ecritures, dissiper la foi, et hâter le règne de l'Antechrist !

Je ne veux point, à l'exemple de Hume, préjuger ni la réalité, ni la possibilité d'une révélation : comment raisonner *à priori* d'un fait surnaturel, d'une manifestation de l'Etre-Suprême. La question est toute pour moi dans l'expérience que nous pouvons en acquérir, et je réduis la controverse religieuse à ce point unique, l'authenticité de la parole divine. Prouvez cette authenticité, et je suis chrétien. Qui donc oserait disputer avec Dieu, s'il était sûr que c'est Dieu qui lui parle?

Il en est du Peuple, comme de la Divinité : *Vox populi, vox Dei.*

Depuis que le monde existe, depuis que les tribus humaines ont commencé de se constituer en monarchies et républiques, oscillant d'une idée à l'autre comme des planètes vagabondes ; mêlant, combinant, pour s'organiser en sociétés, les élémens les plus divers ; renversant les tribunes et les trônes comme fait un enfant un château de cartes, on a vu, à chaque secousse de la politique, les meneurs du mouvement invoquer, en termes plus ou moins explicites, la souveraineté du Peuple.

Brutus et César, Cicéron et Catilina, se prévalent tour à tour du suffrage populaire. S'il faut en croire les partisans du système déchu, la Charte de 1830 était l'expression de la souveraineté nationale autant au moins que la constitution de l'an III, et Louis-Philippe, comme Charles X, Napoléon et le Directoire, était l'élu de la Nation. Pourquoi non, si la Charte de 1830 n'était qu'un amendement à la constitution de l'an III, comme à celle de l'an VIII et de 1814?...

L'organe le plus avancé du parti légitimiste nous dirait encore, s'il l'osait, que la loi résulte du consentement du Peuple et de la définition du prince : *Lex fit consensu populi et constitutione regis.* La souveraineté de la nation est le principe des monarchistes comme des démocrates. Ecoutez cet écho qui nous arrive du Nord : d'un côté, c'est un roi despote qui invoque les traditions nationales, c'est-à-dire la volonté du Peuple exprimée et confirmée pendant des siècles ; de l'autre, ce sont des sujets révoltés qui soutiennent que le Peuple ne pense plus ce qu'il a pensé autrefois, et qui demandent qu'on l'interroge. Qui donc ici montre une plus haute intelligence du Peuple, du monarque qui le fait immuable dans ses pensées, ou des citoyens qui le supposent versatile? Et quand vous diriez que la contradiction se résout par le progrès, en ce sens que le Peuple parcourt diverses phases pour réaliser une même idée, vous ne feriez que reculer la difficulté : qui jugera de ce qui est progrès et de ce qui est rétrogradation?...

Je demande donc comme Rousseau : Si le peuple a parlé, pourquoi n'ai-je rien entendu?

Vous me citez cette révolution étonnante à laquelle moi aussi j'ai pris part ; dont j'ai prouvé

seul la légitimité, dont j'ai fait ressortir l'idée. Et
vous me dites : Voilà le Peuple !

Mais d'abord, je n'ai vu qu'une foule tumultueuse
sans conscience de la pensée qui la faisait agir, sans
aucune intelligence de la révolution qui s'opérait
par ses mains. Puis, ce que j'ai appelé logique du
Peuple pourrait bien n'être autre chose que la raison
des événemens, d'autant plus que, le fait une fois
accompli, et tout le monde d'accord sur sa significa-
cation, les opinions se divisent de nouveau sur les
conséquences. La révolution faite, le Peuple se tait !
Quoi donc ! la souveraineté du peuple n'existerait-
elle que pour les choses du passé, qui ne nous
intéressent plus, et non point pour celles de l'avenir, qui seules peuvent être l'objet des décrets du
Peuple ?

O vous tous, ennemis du despotisme et de
ses corruptions comme de l'anarchie et de ses bri-
gandages, qui ne cessez d'invoquer le Peuple; qui
parlez, le front découvert, de sa raison souveraine,
de sa force irrésistible, de sa formidable voix, je vous
somme de me le dire : Où et quand avez-vous entendu
le Peuple? par quelle bouche, en quelle langue est-
ce qu'il s'exprime ? comment s'accomplit cette
étonnante révélation ? quels exemples authentiques,
décisifs, en citez-vous? quelle garantie avez-vous de
la sincérité de ces lois que vous dites sorties du Peuple? quelle en est la sanction? à quels titres, à quels
signes, distinguerai-je les élus que le Peuple envoie
d'avec les apostats qui surprennent sa confiance et

usurpent son autorité? comment, enfin, établissez-
vous la légitimité du verbe populaire?

Je crois à l'existence du Peuple comme à l'existence de Dieu.

Je m'incline devant sa volonté sainte ; je me sou-
mets à tout ordre émané de lui ; la parole du Peuple
est ma loi, ma force et mon espérance. Mais, suivant
le précepte de saint Paul, mon obéissance, pour être
méritoire, doit être raisonnable, et quel malheur
pour moi, quelle ignominie, si, lorsque je crois ne
me soumettre qu'à l'autorité du Peuple, j'étais le
jouet d'un vil charlatan ! Comment donc, je vous en
supplie, parmi tant d'apôtres rivaux, d'opinions con-
tradictoires, de partis obstinés, reconnaîtrai-je la
voix, la véritable voix du Peuple?

Le problème de la souveraineté du Peuple est le
problème fondamental de la liberté, de l'égalité et de
la fraternité, le principe de l'organisation sociale.
Les gouvernemens et les peuples n'ont eu d'autre
but, à travers les orages des révolutions et les dé-
tours de la politique, que de constituer cette souveraineté. Chaque fois qu'ils se sont écartés de ce
but, ils sont tombés dans la servitude et la honte.
C'est dans cette vue que le Gouvernement provisoire a convoqué une Assemblée nationale nommée
par tous les citoyens, sans distinction de fortune et
de capacité : l'universalité des suffrages lui paraissant être l'expression la plus approchée de la souveraineté du Peuple.

Ainsi l'on suppose d'abord que le Peuple peut être

consulté ; en second lieu qu'il peut répondre ; troisièmement que sa volonté peut être constatée d'une manière authentique ; enfin, que le gouvernement, fondé sur la volonté manifestée du Peuple, est le seul gouvernement légitime.

Telle est, notamment, la prétention de la Démocratie, qui se présente comme la forme de gouvernment qui traduit le mieux la souveraineté du Peuple.

Or, si je prouve que la démocratie n'est, ainsi que la monarchie, qu'une symbolique de la souveraineté ; qu'elle ne répond à aucune des questions que soulève cette idée ; qu'elle ne peut, par exemple, ni établir l'authenticité des actes qu'elle attribue au Peuple, ni dire quel est le but et la fin de la société ; si je prouve que la démocratie, loin d'être le plus parfait des gouvernemens, est la négation de la souveraineté du Peuple, et le principe de sa ruine, il sera démontré, en fait et en droit, que la démocratie n'est rien de plus qu'un arbitraire constitutionnel succédant à un autre arbitraire constitutionnel ; qu'elle ne possède aucune valeur scientifique, et qu'il faut y voir seulement une préparation à la République, une et indivisible.

Il importe d'éclairer au plus tôt l'opinion sur ce point, et de faire disparaître toute illusion.

I.

Le Peuple, être collectif, j'ai presque dit être de

raison, ne parle point dans le sens matériel du mot.
Le Peuple, non plus que Dieu, n'a des yeux pour
voir, des oreilles pour entendre, une bouche pour
parler. Que sais-je s'il est doué d'une espèce d'âme,
divinité immanente dans les masses, comme certains
philosophes supposent une âme du monde, et qui, à
certains momens, les émeut et les pousse ; ou bien
si la raison du Peuple n'est autre que l'idée pure, la
plus abstraite, la plus compréhensive, la plus déga-
gée de toute forme individuelle, comme d'autres
philosophes prétendent que Dieu n'est que l'ordre
dans l'univers, une abstraction ? Je n'entre point
dans ces recherches de haute psycologie : je demande en homme pratique de quelle manière cette
âme, raison ou volonté, telle quelle, du Peuple, se
pose, pour ainsi dire, hors de soi, et se manifeste ?
Qui est-ce qui peut lui servir d'organe ? Qui a le droit
de dire aux autres : C'est par moi que le Peuple parle ?
comment croirai-je que tel qui, du haut d'une esca-
belle, harangue cinq cents individus qui applaudis-
sent, est l'organe du Peuple ? Comment l'élection
des citoyens, voire même leur suffrage unanime, a-t-
il la vertu de conférer cette espèce de privilége, de
servir de truchement au Peuple ? Et quand vous me
feriez voir, comme en un cénacle, neuf cents per-
sonnages ainsi choisis par leurs concitoyens, pourquoi devrai-je croire que ces neuf cents délégués,
qui ne s'entendent point entre eux, c'est le souffle
du Peuple qui les inspire ? Et pour tout dire, comment la loi qu'ils vont faire peut-elle m'obliger ?.....

Voici un président ou un directoire, personnification, symbole ou fiction de la souveraineté nationale : premier pouvoir de l'État.

Voici une chambre, deux chambres, organes, l'une de l'intérêt de conservation, l'autre de l'instinct de développement : deuxième pouvoir de l'État.

Voici une presse, éloquente, aguerrie, infatigable, qui, chaque matin, verse à flots les millions d'idées qui fourmillent dans les millions de cervelles des citoyens : troisième pouvoir de l'État.

Le pouvoir exécutif, c'est l'action ; les chambres, c'est la délibération ; la presse, c'est l'opinion.

Lequel de ces pouvoirs représente le Peuple ? Ou bien, si vous dites que c'est le tout qui représente le Peuple, comment tout cela ne s'accorde-t-il pas ? Mettez la royauté à la place de la présidence, et ce sera la même chose : ma critique tombe également sur la monarchie et sur la démocratie.

Il existe en France cinq ou six cents feuilles périodiques, émonctoires de l'opinion, et dont les titres témoignent hautement de la prétention des entrepreneurs de servir d'interprètes à la pensée générale : *Le Siècle, la Réforme, la Liberté, le Progrès, la Presse, le Temps, l'Opinion, la Démocratie, l'Atelier, les Écoles, la Vérité, la France, le Monde, le Constitutionnel, le National, le Commerce, les Débats, le Courrier, le Populaire, le Peuple, la Voix du Peuple, le Peuple constituant, le Représentant du Peuple*, etc., etc., etc.

Certes, je m'étonne qu'avec une telle publicité,

quand nous sommes si bien assortis d'écrivains à qui ne manquent ni l'érudition, ni les idées, ni le style, nous ayons encore besoin d'une représenta-tion, d'une Assemblée nationale.

Or, comment se fait-il qu'avec tout cela je ne sache positivement rien de ce qui intéresse le Peuple, et que le devoir, la mission de la presse est de m'ap-prendre? qu'au lieu de produire la lumière, la foule des publications augmente l'obscurité?

Je demande : Quelle est la meilleure constitution politique, la loi du progrès, la marche du siècle, la pensée de l'époque, la valeur de l'opinion, l'avenir de la France et du monde? La République sortira-t-elle de l'atelier, de l'école ou du corps-de-garde? La démocratie est-elle à la paix ou à la guerre? Quelle vérité, quelle réforme doit sortir de toutes ces ré-vélations du Peuple? Qu'est-ce que la liberté?

Sur toutes ces questions, le journalisme disserte, mais il ne répond rien, il ne sait rien. Que serait-ce si j'allais demander, par exemple, s'il est à l'orga-nisation de la société une forme définitive et quelle est cette forme? si nous sommes à bout de révolu-tions, ou si le mouvement révolutionnaire est éter-nel? comment, dans ce dernier cas, concilier cette agitation perpétuelle avec la liberté, la sécurité, le bien-être? si tous les hommes doivent être égaux malgré la nature, ou traités suivant leur mérite malgré la devise de la République? quel doit être le salaire de l'ouvrier, le bénéfice de l'entrepreneur, la contribution à payer à l'État, le crédit à accorder aux citoyens? comment la population croissant plus vite que la subsistance, nous échapperons à la fatalité de la misère, etc., etc.

Je pourrais étendre à l'infini cet interrogatoire, et rendre mes questions de plus en plus pressantes et difficiles. Pourquoi la presse, si la presse est la faculté parlante du Peuple, au lieu de répondre, divague-t-elle? La presse est si loin de satisfaire un esprit positif, qu'elle semble inventée tout exprès pour dérouter la raison et tuer l'étude. Les idées tombent dans les journaux sans y prendre racine : les journaux sont les cimetières des idées.

Et la tribune, que nous dit-elle? et le Gouvernement, que sait-il? Naguère il se tirait d'affaire en déclinant sa compétence; il n'existait pas, prétendait-il, pour organiser le travail et donner du pain au Peuple. Depuis un mois, il a accepté la sommation du prolétariat; depuis un mois il est à l'œuvre : et depuis un mois il fait publier chaque jour, dans *le Moniteur*, cette grande nouvelle : Qu'il ne sait rien, qu'il ne trouve pas! Le Gouvernement divise le Peuple; il excite la haine entre les classes qui le composent : mais organiser le Peuple, créer cette souveraineté qui est à la fois liberté et accord, cela dépasse la capacité du Gouvernement, comme cela dépassait autrefois ses attributions. Or, dans un Gouvernement qui se dit institué par la volonté du Peuple, une pareille ignorance est une contradiction : il est manifeste que ce n'est déjà plus le Peuple qui est souverain.

Le Peuple, dont on dit quelquefois qu'il s'est levé comme un seul homme, pense-t-il aussi comme un seul homme? réfléchit-il? raisonne-t-il? conclut-il? a-t-il de la mémoire, de l'imagination, des idées? Si, en effet, le Peuple est souverain, c'est qu'il pense; s'il pense, il a sans doute une manière à lui de pen ser et de formuler sa pensée. Comment donc est-ce que le Peuple pense? Quelles sont les formes de la raison populaire? procède-t elle par catégories? emploie-t-elle le syllogisme, l'induction, l'analyse, l'antinomie ou l'analogie? est-elle pour Aristote ou pour Hégel? Vous devez vous expliquer sur tout cela; sinon, votre respect pour la souveraineté du Peuple n'est qu'un absurde fétichisme. Autant vaudrait adorer une pierre.

Le Peuple, dans ses méditations, fait-il appel à l'expérience? Tient-il compte de ses souvenirs, ou bien sa marche est-elle de produire sans cesse des idées nouvelles? Comment accorde-t-il le respect de ses traditions, avec les besoins de son développement? Comment conclut-il d'une hypothèse épuisée à l'essai d'une autre? Quelle est la loi de ses transitions et de ses enjambemens? Qu'est-ce qui le pousse, le détermine dans la voie du progrès? Pourquoi cette mobilité, cette inconstance? J'ai besoin de le savoir, sans quoi la loi que vous m'imposez au nom du Peuple, cesse d'être authentique : ce n'est plus loi, c'est violence.

Le Peuple pense-t-il toujours? Et s'il ne pense pas toujours, comment rendez-vous compte des intermittences de sa pensée ? A supposer que le Peuple puisse être représenté, que feront ses représentans pendant ces intermittences ?... Le Peuple sommeille-t-il quelquefois, comme Jupiter dans les bras de Junon ? Quand est-ce qu'il rêve ? Quand est-ce qu'il veille ? Vous devez m'instruire de toutes ces choses ; sinon, le pouvoir que vous exercez par délégation du Peuple n'étant que par intérim, et l'époque de l'intérim étant inconnue, ce pouvoir est usurpé : **vous inclinez à la tyrannie.**

Si le Peuple pense, s'il réfléchit, s'il raisonne, tantôt *à priori*, suivant les règles de la raison pure, tantôt *à posteriori* sur les données de l'expérience, il court risque de se tromper. Il ne suffit plus alors, pour que j'accepte comme loi la pensée du Peuple, que l'authenticité m'en soit démontrée ; il faut que cette pensée soit légitime. Qui fera le triage des idées et des fantaisies du Peuple ? A qui appellerons-nous de sa volonté possiblement erronée, et par conséquent despotique ?

Sur quoi je pose ce dilemme :

Si le Peuple peut faillir, de deux choses l'une. Ou l'erreur est respectable en lui comme la vérité, et il a droit d'être obéi en tout ce qu'il veut, bien qu'il se trompe. En ce cas, le Peuple est un être souverainement immoral, puisqu'il peut à la fois penser le mal, le vouloir et le faire.

Au contraire le Peuple, en ses erreurs, doit-il être repris ? Il y aurait donc, en certains cas, devoir pour un gouvernement de résister au Peuple ! Qui osera lui dire : Tu te trompes ! Qui pourra le redresser, le contraindre ?

Mais que dis-je ? Si le Peuple est sujet à faillir, que devient sa souveraineté ? N'est-il pas évident que la volonté du Peuple doit être d'autant moins prise en considération qu'elle est plus redoutable dans ses conséquences, et que le vrai principe de toute politique, le gage de la sécurité des nations, c'est de ne consulter le Peuple que pour s'en méfier : toute inspiration de lui pouvant cacher un immense péril comme un immense succès, et sa volonté n'être qu'une pensée de suicide ?

Sans doute, direz-vous, le Peuple n'a qu'une existence mystique ; il ne se manifeste qu'à de rares intervalles, à des époques prédestinées ! Mais le Peuple n'est pas pour cela un fantôme, et quand il se lève, nul ne peut le méconnaître. Le Peuple s'est montré le 14 juillet, le 10 août, en 1830 : il vient de se révéler avec plus d'audace que jamais. Le Peuple a parlé au serment du Jeu de paume, dans la nuit du 4 août : il était à Jemmapes, il combattait à Mayence et à Valmy...

Pourquoi vous arrêter ? pourquoi choisir ? Le Peuple était-il absent le 9 thermidor et le 18 brumaire ? Se cachait-il le 21 janvier et le 5 décembre ? N'a-t-il pas fait l'empereur, comme il avait défait le roi ? N'a-t-il pas adoré tour à tour et souffleté le Christ et la Raison ?... Voulez-vous remonter plus haut ? C'est le Peuple qui a produit, de son sang et de ses entrailles, un jour Grégoire VII, et un autre

jour Luther ; qui a fait surgir Marius et César, après
avoir, dans une série de révolutions, chassé les
Tarquins, renversé les Décemvirs, créé les tribuns
pour balancer les consuls, et donné par là le premier exemple de la bascule politique, du système
doctrinaire. C'est le Peuple qui adora les Césars,
après avoir laissé assassiner les Gracques !...

Préférez-vous rester dans l'actualité ? Dites-moi
alors ce que le Peuple pense, aujourd'hui 25 mars
1848, ou plutôt ce qu'il ne pense pas ?

Le Peuple pense-t-il, avec l'abbé Lacordaire, à
faire pénitence dans la cendre et le cilice ? pense-t-il
qu'il est né de la poussière, et qu'il retournera dans
la poussière ; que sa destinée ici-bas n'est point le
plaisir, mais le travail et la mortification ? Ou ne
pense-t-il pas, avec le Sage désabusé de la sagesse,
avec Saint-Simon et Fourier, que la fin de l'homme
est comme celle du cheval, et que tout est vanité sur
la terre, hormis de bien vivre et de faire l'amour ?

Le Peuple pense-t-il à l'abolition des octrois, à
l'impôt progressif, aux ateliers nationaux, aux banques agricoles, au papier monnaie ? Ou ne pense-t-il
pas plutôt qu'imposer extraordinairement la richesse, c'est tuer la richesse ; qu'au lieu d'étendre
les attributions de l'Etat, il faut les resserrer ; que
l'organisation du travail n'est autre que l'organisation de la concurrence, et que le plus grand service
à rendre à l'agriculture, au lieu de lui créer une
banque spéciale, c'est de rompre toutes ses rela-
tions avec la banque ?

Le Peuple est-il pour l'élection directe, ou pour celle à deux degrés? pour une représentation de 900 ou pour une de 450?

Le Peuple est-il ou n'est-il pas communiste, phalanstérien, néo-chrétien, utilitaire? car, enfin, il y a de tout cela dans le Peuple. Est-il pour Pythagore, Morelly, Campanella ou le bon Icar? pour la Trinité ou pour la Triade? N'est-ce pas lui qui parle, et dans ces harangues qui ne disent rien, et dans ces placards qui se contredisent, et dans ces actes du Gouvernement conçus en sens contraire du 24 février? Demande-t-il du pain et des spectacles, ou bien de la liberté? N'a-t-il fait la révolution que pour la renier aussitôt, ou si son intention est de poursuivre?

Or si le Peuple, à toutes les époques de l'histoire, a pensé, exprimé, voulu et fait une multitude de choses opposées; si, aujourd'hui même, entre tant d'opinions qui le divisent, il lui est impossible d'en choisir une sans en répudier une autre et par conséquent sans se mettre en contradiction avec lui-même, que voulez-vous que je pense de sa raison, de sa moralité, de la justice de ses actes? Que puis-je attendre de ses représentans? Et quelle preuve d'authenticité me donnerez-vous en faveur d'une opinion, que je ne puisse à l'instant revendiquer pour l'opinion contraire?

Ce que j'admire au milieu de la confusion des idées, c'est que la foi à la souveraineté du Peuple, loin de faillir, semble, par cette confusion même,

monter jusqu'à son paroxysme. Dans cette obsti-
nation de la multitude à croire à l'intelligence qui
vit en elle, je vois déjà comme une manifestation du
Peuple qui s'affirme lui-même, ainsi que Jéhovah,
et dit : JE SUIS. Je ne puis donc nier, je suis forcé de
confesser au contraire la souveraineté du Peuple.
Mais au delà de cette première affirmation, et quand
il s'agit de passer du sujet de la pensée à son objet,
quand il s'agit, en autres termes, d'appliquer le critérium aux actes du Gouvernement, qu'on me dise
où est le Peuple?

En principe donc, j'admets que le peuple existe,
qu'il est souverain, qu'il s'affirme dans la conscience
des masses. Mais rien jusqu'ici ne me prouve qu'il
puisse faire au dehors acte de souveraineté, qu'une
révélation extérieure du Peuple soit possible. Car,
en présence de la domination des préjugés, de la
contradiction des idées et des intérêts, de la variabi-
lité de l'opinion, des entraînemens de la multitude,
je demanderai toujours ce qui établit l'authenticité
et la légitimité d'une pareille révélation : et c'est à
quoi la démocratie ne peut répondre.

II.

Mais, observent, non sans raison, les démocrates,
le Peuple n'a jamais été convenablement sollicité.
Jamais il n'a pu manifester sa volonté que par des
éclairs : le rôle qu'il a joué jusqu'à présent dans
l'histoire est tout subalterne. Le Peuple, pour qu'il
puisse exprimer sa pensée, doit être consulté démo-

cratiquement ; c'est-à-dire que tous les citoyens, sans distinction, doivent participer, directement ou indirectement, à la formation de la loi. Or, ce mode de consultation démocratique n'a jamais été exercé d'une manière suivie : l'éternelle conjuration des priviléges ne l'a pas permis. Princes, nobles et prêtres, gens de plume et gens d'épée, magistrats, professeurs, savans, artistes, industriels, commerçans, financiers, propriétaires, sont toujours parvenus à rompre le faisceau démocratique, à changer la voix du Peuple en une voix de monopole. Maintenant que nous possédons la seule et vraie manière de faire parler le Peuple, nous saurons par-là même ce qui constitue l'authenticité et la légitimité de sa parole, et toutes vos précédentes objections s'évanouissent. La sincérité du régime démocratique nous garantit la solution.

Je conviens que le nœud de la difficulté consiste à faire parler et agir le Peuple comme un seul homme. La République, selon moi, n'est pas autre chose ; et c'est là aussi tout le problème social. La démocratie prétend résoudre ce problème par le suffrage universel appliqué dans la plus grande largeur, soit la substitution de l'autorité de la multitude à l'autorité royale. C'est pour cela qu'elle s'appelle *Démocratie*, gouvernement de la multitude.

C'est donc la théorie du suffrage universel que nous avons à juger. Ou, pour dire de suite toute ma pensée, c'est la démocratie que nous avons à démolir, comme nous avons démoli la monarchie : cette transition sera la dernière, avant d'arriver à la République.

1. La démocratie est une aristocratie déguisée.

D'après la théorie du suffrage universel, l'expérience aurait prouvé que la classe moyenne, qui seule exerçait naguère les droits politiques, ne représente pas le Peuple ; loin de là, qu'elle est, avec la monarchie, en réaction constante contre le Peuple.

On conclut que c'est à la nation, tout entière, à nommer ses représentans.

Mais, s'il est ainsi d'une classe d'hommes que le libre essor de la société, le développement spontané des sciences, des arts, de l'industrie, du commerce ; la nécessité des institutions, le consentement tacite ou l'incapacité notoire des classes inférieures; d'une classe enfin que ses talens et ses richesses désignaient comme l'élite *naturelle* du Peuple : qu'attendre d'une représentation qui, sortie de comices plus ou moins complets, plus ou moins éclairés et libres, agissant sous l'influence de passions locales, de préjugés d'état, en haine des personnes et des principes, ne sera, en dernière analyse, qu'une représentation *factice*, produit du bon plaisir de la cohue électorale ?

Nous aurons une aristocratie de notre choix, je le veux bien, à la place d'une aristocratie de nature. Mais, aristocratie pour aristocratie, je préfère, avec

M. Guizot, celle de la fatalité à celle du bon plaisir : la fatalité ne m'engage pas.

Ou plutôt, nous ne ferons que ramener, par un autre chemin, les mêmes aristocrates ; car, qui voulez-vous qu'ils nomment pour les représenter, ces compagnons, ces journaliers, ces hommes de peine, si ce n'est leurs bourgeois ? A moins que vous ne vouliez qu'ils les tuent !

Bon gré, mal gré, la prépondérance dans le gouvernement appartient donc aux hommes qui ont la prépondérance du talent et de la fortune ; et dès le premier pas, il devient évident que la réforme sociale ne sortira jamais de la réforme politique ; que c'est la réforme politique au contraire, qui doit sortir de la réforme sociale.

L'illusion de la démocratie provient de ce qu'à l'exemple de la monarchie constitutionnelle, elle prétend organiser le Gouvernement par voie représentative. Ni la Révolution de juillet, ni celle de février, n'ont suffi pour l'éclairer. Ce qu'elle veut, c'est toujours l'inégalité des fortunes, toujours la délégation du souverain, toujours le gouvernement des notabilités. Au lieu de dire, comme M. Thiers : *Le Roi règne et ne gouverne pas* ; la démocratie dit : *Le Peuple règne et ne gouverne pas*, ce qui est nier la Révolution.

Ce n'est pas pourtant parce qu'il s'opposait à la réforme électorale, que M. Guizot est tombé, emportant dans sa chute la dynastie et le trône ; c'est parce que, dans la conscience publique, la constitution était usée, et qu'on n'en voulait plus. L'ensemble des réformes demandées par l'Opposition prouve, ainsi que je l'ai fait voir, que c'était à la Charte, bien plus qu'au ministère qu'on s'attaquait; c'était à quelque chose de plus élevé encore que la Charte, c'était à la constitution même de la société.

Lors donc qu'à une monarchie représentative, on parle aujourd'hui de substituer une démocratie représentative, on ne fait pas autre chose que changer la phrase, *Belle marquise, vos beaux yeux me font mourir d'amour*, en cette autre, *Vos yeux beaux, belle marquise, mourir d'amour me font* ; et l'on peut dire, suivant l'expression de l'*Atelier*, que la Révolution est escamotée.

Mais, patience ! S'il peut sembler difficile, en ce moment, d'échapper à cette alternative gouvernementale, l'embarras ne sera pas de longue durée. Le représentatif est tombé dans les barricades pour ne se relever jamais. La démocratie constitutionnelle s'en est allée avec la monarchie constitutionnelle. Le mois de février, suivant l'étymologie latine, est le mois des enterremens. La réforme sociale amènera la réforme politique ; l'intelligence de la première implique l'intelligence de la seconde. Nous aurons le Gouvernement du Peuple par le Peuple, et non par une représentation du Peuple ; nous aurons, dis-je, la République, ou nous périrons une seconde fois par la démocratie.

2. La démocratie est exclusive et doctrinaire.

Puisque, suivant l'idéologie des démocrates, le Peuple ne peut se gouverner lui-même, et qu'il est forcé de se donner des représentans qui le gouvernent par délégation et sous bénéfice de révision, on suppose que le Peuple est tout au moins capable de se faire représenter, qu'il peut être représenté fidèlement. — Eh bien ! cette hypothèse est radicalement fausse ; il n'y a point, il ne saurait y avoir jamais de représentation légitime du Peuple. Tous les systèmes électoraux sont des mécaniques à mensonge : il suffit d'en connaître un seul, pour prononcer la condamnation de tous.

Prenons celui du Gouvernement provisoire.

Lorsqu'une théorie se produit au nom du Peuple, elle doit, sous le rapport de la logique, de la justice, des traditions, des tendances, de l'ensemble, comme sous celui de l'expression, se montrer irréprochable. Je ne reconnais pas plus la voix du Peuple dans les livres de Fourier que dans le *Père Duchêne*.

Le système du Gouvernement provisoire a la prétention d'être universel.

Mais, quoi qu'on fasse, il y aura toujours, en tout système électoral, des exclusions, des absences, des votes nuls, erronés ou pas libres.

Le plus hardi novateur n'a pas encore osé demander le suffrage pour les femmes, les enfans, les domestiques, les repris de justice. Ce sont environ les

quatre cinquièmes du Peuple qui ne sont pas représentés, qui sont retranchés de la communion du
Peuple. Pourquoi ?

Vous fixez la capacité électorale à 21 ans ; pourquoi pas à 20 ? pourquoi pas à 19, à 18, à 17 ?.....
Quoi ! c'est une année, un jour, qui fait la raison de
l'électeur ! Les Barra, les Viala sont incapables de
voter avec discernement ; les Fouché, les Hébert,
voteront pour eux !

Vous éliminez les femmes. Vous avez donc résolu
le grand problème de l'infériorité du sexe. Quoi !
pas d'exception pour Lucrèce, Cornélie, Jeanne
d'Arc ou Charlotte Corday ! une Roland, une Staël,
une George Sand, ne trouveront pas grâce devant
votre virilité ! Les Jacobins recevaient des tricotteu-
ses à leurs séances ; on n'a jamais dit que la présence
des citoyennes eût énervé le courage des citoyens !

Vous écartez le domestique. Qui vous dit que cet
insigne de la servitude ne couvre pas une âme géné-
reuse ; que dans ce cœur de valet ne bat pas une
idée qui sauvera la République ! La race de Figaro
est-elle perdue ? — C'est la faute de cet homme,
direz-vous : pourquoi, avec tant de moyens, est-il
domestique ? Et pourquoi y a-t-il des domestiques ?

Je veux voir, je veux entendre le Peuple dans
sa variété et sa multitude, tous les âges, tous les
sexes, toutes les conditions, toutes les vertus, toutes
les misères : car tout cela, c'est le Peuple.

Vous prétendez qu'il y aurait inconvénient grave
pour la bonne discipline, pour la paix de l'Etat et

le repos des familles, si les femmes, les enfans, les domestiques obtenaient les mêmes droits que les époux, les pères et les maîtres ; qu'au surplus, par la solidarité des intérêts et par le lien familial, les premiers sont suffisamment représentés par les seconds.

J'avoue que l'objection est sérieuse, et je n'entreprends point de la réfuter. Mais, prenez garde : vous devez, par la même raison, exclure les prolétaires et tous les ouvriers. Les sept dixièmes de cette catégorie reçoivent des secours de la charité publique : ils iront donc se voter à eux-mêmes une liste civile, des augmentations de salaire, des réductions de travail ; et ils n'y manqueront pas, je vous assure, pour peu que leurs délégués les représentent. Le prolétariat sera dans l'Assemblée nationale comme les fonctionnaires dans la chambre de M. Guizot, juge dans sa propre cause, puisant au budget et n'y mettant rien, faisant l'appoint de la dictature, jusqu'à ce que le capital étant épuisé par l'impôt, la propriété ne produisant plus rien, la banqueroute générale fasse crever la mendicité parlementaire.

Et tous ces citoyens qui, pour raison de travail, de maladie, de voyage, ou faute d'argent pour aller aux élections, seront forcés de s'abstenir, comment les comptez-vous ? Sera-ce d'après le proverbe : Qui ne dit rien, consent ? Mais, consent à quoi ? à l'opinion de la majorité, ou bien à celle de la minorité ?...

Et ceux qui ne votent que par entraînement, par complaisance ou intérêt, sur la foi du comité républicain ou de leur curé ; quel cas en faites-vous ? C'est une vieille maxime qu'en toute délibération il faut non-seulement compter les suffrages, mais les peser. Dans vos comices, au contraire, le suffrage d'un Arago, d'un Lamartine, ne compte pas plus que celui d'un mendiant. — Direz-vous que la considération due aux hommes de mérite leur est acquise par l'influence qu'ils exercent sur les électeurs ? Alors les suffrages ne sont pas libres. C'est la voix des capacités que nous entendons, ce n'est pas celle du Peuple. Autant valait conserver le système à 200 fr.

On a donné le droit de suffrage à l'armée. Voici ce que cela signifie : Le soldat qui ne votera pas comme le capitaine ira à la salle de police ; le capitaine qui ne votera pas comme le colonel sera mis aux arrêts ; et le colonel qui ne votera pas comme le Gouvernement sera destitué.

Je passe sous silence les impossibilités matérielles et morales qui fourmillent dans le mode adopté par le Gouvernement provisoire. Il est acquis à l'opinion qu'en doublant la représentation nationale, et faisant voter par scrutin de liste, le Gouvernement provisoire a voulu faire prononcer les citoyens, non pas sur les hommes, mais sur le principe ; précisément à la manière de l'ancien Gouvernement, qui faisait voter aussi sur le système, et non pas sur les hommes. Comment discuter le choix de 10, 15, 25 députés ? Comment, si chaque citoyen déposait dans l'urne un suffrage libre et en connaissance de cause, faire le dépouillement d'un pareil scrutin ? Comment faire aboutir de pareilles élections, si elles étaient sérieuses? Évidemment c'est impossible.

Je ne discute pas, je le répète, ce côté purement matériel de la question : je m'en tiens au droit. Ce qu'on obtenait auparavant de la vénalité, aujourd'hui on l'arrache à l'impuissance. On dit à l'électeur : Voici nos amis, les amis de la République ; et voilà nos adversaires, qui sont aussi les adversaires de la République : choisissez. Et l'électeur qui ne peut apprécier l'idonéité des candidats, vote de confiance !

Au lieu de faire nommer les députés par chaque arrondissement, comme sous le régime déchu, on les fait élire par département. On a voulu, par cette mesure, détruire l'esprit de localité. Or, admirez comme les démocrates sont sûrs de leurs principes!

Si les députés, disent-ils, étaient nommés par les arrondissemens, ce n'est pas la France qui serait représentée, ce seraient les arrondissemens. L'Assemblée nationale ne serait plus la représentation du pays ; ce serait un congrès de 459 représentations.

Pourquoi alors, répliquerai-je, ne faites-vous pas nommer par chaque électeur les députés de toute la France?

Il serait à souhaiter, répondez-vous : mais la chose est impossible.

J'observe d'abord que tout système qui ne peut être vrai qu'à la condition d'être impossible, me paraît un pauvre système. Mais les démocrates me semblent ici singulièrement inconséquens et embarras-

sés de peu de chose. Si les représentans doivent représenter, non pas les départemens, ni les arrondissemens, ni les villes, ni les campagnes, ni l'industrie, ni le commerce, ni l'agriculture, ni les intérêts,
— mais seulement la FRANCE! pourquoi a-t-on décidé qu'il y aurait un député par 40,000 habitans?
Pourquoi pas un par 100,000 ou 200,000! Quatre-
vingt-dix, au lieu de neuf cents, ne suffisaient-ils
pas? Ne pouviez-vous, à Paris, arrêter votre liste,
pendant que les légitimistes, les conservateurs, les
dynastiques auraient arrêté la leur? Etait-il plus
difficile de voter sur une liste de 90 noms, que sur
une de 15?

Mais qui ne voit que des députés ainsi élus en dehors de tout intérêt, de toute spécialité, de toute
considération de lieux et de personnes, à force de
représenter la France, ne représentent absolument
rien; qu'ils ne sont plus des mandataires, mais des
sénateurs, et qu'à la place d'une démocratie représentative, nous avons une oligarchie élective, le
moyen terme entre la démocratie et la royauté?

Voilà, citoyen lecteur, où je voulais vous amener.
De quelque côté que vous considériez la démocratie, vous la verrez toujours placée entre deux extrê-
mes aussi contraires l'un que l'autre à son principe;
condamnée à osciller entre l'absurde et l'impossible,
sans pouvoir se fixer jamais. Parmi un million de
moyens termes d'un égal arbitraire, le Gouvernement provisoire a fait comme M. Guizot: il a pré-
féré celui qui lui paraissait convenir le mieux à ses

préjugés démocratiques : de la vérité représentative, comme du gouvernement du Peuple par le Peuple, le Gouvernement provisoire n'en a tenu compte. Je ne lui en fais aucun reproche. Les esprits ne sont point à la hauteur de la République ; il faut que nous passions encore une fois par la démocratie : or, transition pour transition, j'aime autant le système du Gouvernement provisoire que celui de M. Duvergier de Hauranne. Je ne crois pas que le choix vaille une minute d'examen.

3. La démocratie est l'ostracisme.

Pour que le député représente ses commettans il faut qu'il représente toutes les idées qui ont concouru à l'élection.

Mais avec le système électoral, le député, soi-disant législateur, envoyé par les citoyens pour concilier, au nom du Peuple, toutes les idées et tous les intérêts, ne représente jamais qu'une idée, un intérêt ; le reste impitoyablement exclu. Car, qui fait loi dans les élections ? qui décide du choix des députés ? la majorité, la moitié plus une des voix. D'où il suit que la moitié moins un des électeurs n'est pas représentée ou l'est malgré elle ; que de toutes les opinions qui divisent les citoyens, une seule, si tant est que le député ait une opinion, arrive à la législature, et qu'enfin la loi, qui devrait être l'expression de la volonté du Peuple, n'est l'expression que de la moitié du Peuple.

En sorte que, dans la théorie des démocrates, le problème du gouvernement consiste à éliminer, par le mécanisme du suffrage prétendu universel, toutes les idées, moins une, qui remuent l'opinion, et à déclarer souveraine celle qui a la majorité.

Mais, dira-t-on peut-être, l'idée qui succombe dans tel collége peut triompher dans tel autre, et, par ce moyen, toutes les idées peuvent être représentées à l'Assemblée nationale.

Quand cela serait, vous n'auriez fait que reculer la difficulté ; car la question est de savoir comment toutes ces idées, divergentes et antagonistes, concourront à la loi et s'y trouveront conciliées.

Ainsi la Révolution, suivant les uns, n'est qu'un accident, qui ne doit changer rien à l'ordre général de la société. Suivant les autres, la Révolution est sociale encore plus que politique. Comment satisfaire à des prétentions si manifestement incompatibles ? comment donner en même temps la sécurité à la bourgeoisie et des garanties au prolétariat ? comment ces vœux contraires, ces tendances opposées, viendront-elles se fondre dans une commune résultante, dans la loi une et universelle ?

Bien loin que la démocratie puisse résoudre cette difficulté, tout son art, toute sa science est de la trancher. Elle fait appel à l'urne ; l'urne est tout à la fois le niveau, la balance, le critérium de la démocratie. Avec l'urne électorale, elle élimine les hommes ; avec l'urne législative, elle élimine les idées.

Il y a un mois à peine, on criait sur tous les tons, à propos du cens à 200 fr. : Quoi ! c'est un franc ! un centime qui fait l'électeur !...

N'est-ce pas toujours la même chose ? Quoi ! c'est une voix qui fait le représentant, une voix qui fera la loi !... Sur une question d'où dépendent l'honneur et le salut de la République, les citoyens sont divisés en deux fractions égales. Des deux côtés on apporte les raisons les plus sérieuses, les autorités les plus graves, les faits les plus positifs. La nation est dans le doute, l'assemblée en suspens. Un représentant, sans motif appréciable, passe de droite à gauche, et fait incliner la balance : c'est lui qui fait la loi.

Et cette loi, expression de quelque volonté fantasque, sera réputée expression de la volonté du Peuple ! Il faudra que je m'y soumette, que je la défende, que je meure pour elle ! Je perds, par un caprice parlementaire, le plus précieux de mes droits, je perds la liberté ! Et le plus saint de mes devoirs, le devoir de résister à la tyrannie par la force, tombe devant la boule souveraine d'un imbécile !

La démocratie n'est autre chose que la tyrannie des majorités, tyrannie la plus exécrable de toutes ; car elle ne s'appuie ni sur l'autorité d'une religion, ni sur une noblesse de race, ni sur les prérogatives du talent et de la fortune : elle a pour base le nombre, et pour masque le nom du Peuple. M. de Genoude refusait, sous le règne de Louis-Philippe, le paiement de l'impôt, attendu, disait-il, que l'impôt n'était pas voté par une véritable représentation

nationale. M. de Genoude était honnête de s'arrêter
en si beau chemin. Est-ce que, par hasard, quand une
majorité plus démocrate aura voté le budget, la minorité devra croire qu'elle l'a aussi voté, et qu'en
conséquence elle est tenue de payer, alors que précisément elle aura voté contre le budget?

J'ai prouvé, dans la première livraison de cet
ouvrage, la légitimité de la Révolution et la nécessité morale de la République, en faisant voir que,
le 22 février, toutes les opinions, tous les partis,
quelque divergence qu'il y eût entr'eux, concluaient
à un ensemble de réformes dont la formule générale
était invariablement celle-ci : RÉPUBLIQUE. La démocratie, avec le suffrage universel, détruit cette jus-
tification, la seule cependant qu'elle puisse donner
de son avènement. Elle s'efforce de faire dire aux
masses, aux départemens qu'ils adhèrent à la République; et si cette adhésion lui manquait, elle résis-
terait par la force! L'intimidation, voilà sur la
République le plus fort argument des démocrates!
Est-il clair que le suffrage universel, que la démocratie n'exprime point la souveraineté du Peuple?

J'espère que la force des choses, que l'inflexible
raison des faits, inspirera notre future Assemblée
nationale. Mais je ne serais point surpris que, formée par un gouvernement qui a si peu compris la
Révolution, elle ne finît elle-même par donner tort
à la Révolution, et qu'on ne vît encore une fois le
Peuple désavouer, par un acte analogue à celui de
février, la politique de ses représentans.

4. La démocratie est une forme de l'absolutisme.

Si le suffrage universel, manifestation la plus
complète de la démocratie, a conquis tant de partisans, surtout parmi les classes travailleuses, c'est
qu'on l'a toujours présenté comme un appel fait aux
talens et aux capacités, ainsi qu'au bon sens et à la
moralité des masses. Combien n'a-t-on pas fait ressortir le contraste injurieux du spéculateur devenu,
à force de rapines, une influence politique, et de
l'homme de génie que la pauvreté tenait éloigné de
la scène ! Quels sarcasmes sur les capacités à
200 francs, et les incapacités telles qu'un Béranger,
un Châteaubriant, un Lamennais !

Enfin, nous voilà tous électeurs ; nous pouvons
choisir les plus dignes.

Nous pouvons plus ; nous les suivrons pas à pas
dans leurs actes législatifs et dans leurs votes ; nous
leur ferons passer nos raisons et nos pièces ; nous
leur intimerons notre volonté, et quand nous serons
mécontens, nous les révoquerons.

Le choix des capacités, le mandat impératif, la
révocabilité permanente, sont les conséquences les
plus immédiates, les plus incontestables du principe électoral. C'est l'inévitable programme de toute
la démocratie.

Or, la démocratie, pas plus que la monarchie
constitutionnelle, ne s'accommode d'une pareille
déduction de son principe.

Ce que demande la démocratie, comme la monarchie, ce sont des députés muets, qui ne discutent pas, mais qui votent ; qui, recevant le mot d'ordre du gouvernement, écrasent de leurs bataillons épais les opposans. Ce sont des créatures passives, j'ai presque dit des satellites, que le danger d'une révocation n'intimide pas, dont la raison ne soit pas trop rebelle, dont la conscience ne recule devant aucun arbitraire, devant aucune proscription.

C'est pousser, direz-vous, le paradoxe jusqu'à la calomnie. — Prouvons donc le paradoxe, en fait et en droit : ce ne sera pas long.

Tout le monde a lu la circulaire du ministre de l'instruction publique aux recteurs, relativement aux élections, et tout le monde a remarqué ce passage :

« La plus grande erreur des populations de nos
» campagnes, c'est que, pour être représentant, il
» faut avoir de l'ÉDUCATION ou de la fortune.

» La majeure partie de l'assemblée fait le rôle de
» jurés, juge par *oui* ou par *non*, si ce que l'ÉLITE
» des membres propose est bon ou mauvais. Elle n'a
» besoin que d'honnêteté et de bon sens, elle n'IN-
» VENTE pas. — Voilà le principe fondamental du
» droit républicain. »

Le ministre exprime ensuite le désir que les instituteurs primaires se portent candidats à la députation, non pas parce que suffisamment éclairés, mais quoique non suffisamment éclairés. — « Plus ils

» seront partis de bas, plus ils auront de grandeur; à ce qui, pour un géomètre, est incontestable.

Si le ministre, convaincu de la capacité notoire d'un grand nombre des estimables instituteurs, s'était contenté de les indiquer comme des lumières tenues sous le boisseau et que l'avènement de la démocratie devait faire paraître, j'applaudirais à la circulaire. Mais qui ne voit que dans la pensée du ministre, l'instituteur primaire est la médiocrité envieuse, qui n'a rien *inventé*, qui n'*inventera* rien, destinée à servir de ses votes silencieux la guerre aux riches et l'arbitraire démocratique? A ce titre, je proteste contre cette candidature, tranchons le mot, contre cette prostitution des instituteurs.

De même donc que la monarchie constitutionnelle, cherchant à s'entourer d'une aristocratie du talent et de la fortune, fait appel aux notabilités, de même la démocratie, qui est l'inverse de ce système, compose son patriciat de médiocrités. Et ce n'est point, comme l'on pourrait le croire, une opinion particulière au ministre; je prouverai tout à l'heure que c'est l'essence pure de la démocratie.

Je cite encore un fait.

Tous les auteurs de droit public, notamment les démocrates, se prononcent contre le mandat impératif; tous, dis-je, le considèrent unanimement comme impolitique, abusif, induisant à l'oppression du gouvernement par le pays, offensant pour la dignité du député, etc. Le mandat impératif a été frappé de tous les anathèmes. En droit civil, ce serait chose monstrueuse que le mandant eût moins d'autorité que le mandataire; en politique, c'est tout l'opposé. Ici, le mandataire devient juge et arbitre des intérêts de son commettant. Ce qui est orthodoxe suivant le code, est hérétique dans l'ordre des idées constitutionnelles : c'est une des mille anomalies de l'esprit humain.

Quant à la durée du mandat, révocable à volonté en droit civil, elle est, en politique, indépendante de la volonté de l'électeur. Dans toutes nos constitutions, la durée du mandat a varié depuis un an jusqu'à sept, suivant la convenance, non des citoyens gouvernés, mais des citoyens gouvernans.

En fait, il est donc bien entendu, il est avéré par la doctrine des auteurs comme par les circulaires des ministres, qu'en toute espèce de gouvernement le député appartient au pouvoir, non au pays ; que c'est à cette fin que la monarchie le demande capable ou riche, et la démocratie incapable ou indigent; que toutes deux exigent qu'il soit maître de son vote, c'est à dire libre d'en trafiquer et de le vendre ; que le mandat ait une durée déterminée, d'un an au moins, pendant laquelle le Gouvernement, d'accord avec les députés, fait ce qui lui plaît et donne force de loi aux actes de son bon plaisir.

Se peut-il autrement? Non, et la discussion du point de droit n'exige pas un long discours.

Le système déchu pouvait se définir, le gouvernement de la société par la bourgeoisie, c'est à dire, par l'aristocratie du talent et de la fortune. Le système qu'on travaille en ce moment à établir, la démocratie, peut se définir par opposition le gouvernement de la société par l'immense majorité des citoyens qui ont peu de talent et point de fortune. Les exceptions qui peuvent se rencontrer sous l'un comme sous l'autre de ces systèmes ne font rien au principe, ne changent ni ne modifient la tendance. Il est fatal, sous la monarchie représentative, que le Peuple soit exploité par la bourgeoisie ; et sous le gouvernement démocratique, qu'il soit exploité par le prolétariat.

Or, qui veut la fin veut les moyens.

Si la représentation monarchique était formée de députés ayant mandat impératif, révocable au gré des électeurs, la bourgeoisie perdrait bientôt ses priviléges, et la royauté qui la personnifie, serait réduite à zéro. Pareillement, si l'Assemblée démocratique était composée de bourgeois, d'hommes puissans par la science et la fortune, dévoués à leur principe, et pouvant d'un instant à l'autre être remplacés s'ils le trahissaient, la dictature des masses tomberait vite, et le prolétaire rentrerait dans son prolétariat.

Il est donc nécessaire que chaque forme de gouvernement s'entoure des conditions de stabilité les mieux assorties à sa nature : de là, la résistance de M. Guizot à la réforme électorale ; de là le suffrage universel et la circulaire de M. Carnot.

Mais comme rien de ce qui crée une scission

dans le Peuple ne peut durer, il est fatal aussi que ces formes de la tyrannie périssent l'une après l'autre, et, chose remarquable, toujours par la même cause, la tyrannie bourgeoise par la misère du prolétariat, la tyrannie prolétaire par la ruine de la bourgeoisie, qui est la misère universelle.

Telle n'était pas, les 22, 23 et 24 février, la tendance des esprits.

La bourgeoisie, fatiguée des turpitudes de son propre gouvernement, marchait à son insu, aux cris de *Vive la réforme !* à la République. Les masses ouvrières répétant avec enthousiasme le cri de *réforme*, caressant la bourgeoisie de l'œil et de la voix, marchaient également, à leur insu, à la République. La fusion des idées et des cœurs était complète, le but était le même, bien que la route où l'on s'engageait ne fût connue de personne.

Dès le 25 février, la Révolution, incomprise, se dénaturait. De sociale qu'elle était dans la pensée de tout le monde, on la refaisait politique ; car c'est toujours politique que d'absorber, sous prétexte d'organisation, le travail dans l'Etat ; et la ligne de démarcation entre la bourgeoisie et le Peuple, un instant effacée, reparaissait plus profonde et plus large. Incapable de concevoir l'idéal républicain, livré à la routine démagogique et mercantile, le Gouvernement provisoire travaille à organiser, au lieu du travail, la guerre civile et d'effroyables misères.

La France, si l'Assemblée nationale ne met fin à

cette détestable politique, apprendra bientôt, par la plus douloureuse expérience, quelle distance il y a entre la République et la démocratie.

5° La démocratie matérialiste et athée.

Si la monarchie est le marteau qui écrase le Peuple, la démocratie est la hache qui le divise : l'une et l'autre conclut également à la mort de la liberté.

Le suffrage universel est une sorte d'atomisme par lequel le législateur, ne pouvant faire parler le Peuple dans l'unité de son essence, invite les citoyens à exprimer leur opinion par tête, *viritim*, absolument comme le philosophe épicurien explique la pensée, la volonté, l'intelligence, par des combinaisons d'atômes. C'est l'athéisme politique, dans la plus mauvaise signification du mot. Comme si de l'addition d'une quantité quelconque de suffrages, pouvait jamais résulter une pensée générale !

C'est du choc des idées que jaillit la lumière, disent les anciens. Cela est vrai et faux comme tous les proverbes. Entre le choc et la lumière il peut y avoir mille ans d'intervalle. L'histoire n'a commencé à se dévoiler pour nous que depuis un demi-siècle ; les idées qui autrefois s'agitèrent à Rome, à Athènes, à Jérusalem, à Memphis, n'ont éclairé que les hommes de notre temps. Le Peuple a parlé, sans doute ; mais sa parole, perdue à travers les voix individuelles, n'a été comprise de personne. La lumière que portaient les idées antiques a été dérobée aux contemporains. Elle a lui, pour la première fois, aux yeux des Vico, des Montesquieu, des Lessing, des Guizot, des Thierry, et de leurs émules. Est-ce aussi pour la postérité que nous devrons nous couper la gorge?

Le moyen le plus sûr de faire mentir le Peuple, c'est d'établir le suffrage universel. Le vote par tête, en fait de gouvernement, et comme moyen de constater la volonté nationale, est exactement la même chose que serait, en économie politique, un nouveau partage des terres. C'est la loi agraire transportée du sol à l'autorité.

Parce que les auteurs, qui les premiers se sont occupés de l'origine des gouvernemens, ont enseigné que tout pouvoir a sa source dans la souveraineté nationale, on a bravement conclu que le mieux était de faire voter, de la voix, du croupion, ou par bulletin, tous les citoyens, et que la majorité des suffrages ainsi exprimés était adéquate à la volonté du Peuple. On nous a ramenés aux usages des barbares, qui, à défaut de raisonnement, procèdent par acclamation et élection. On a pris un symbole matériel pour la vraie formule de la souveraineté. Et l'on a dit aux prolétaires: Quand vous voterez, vous serez libres, vous serez riches; vous décréterez le capital, le produit et le salaire; vous ferez, comme d'autres Moïse, tomber du ciel les grives et la manne; vous deviendrez comme des dieux, car vous ne travaillerez plus, ou vous travaillerez si peu, si vous travaillez, que ce sera comme rien.

Quoi qu'on fasse et quoi qu'on dise, le suffrage universel, témoignage de la discorde, ne peut produire que la discorde. Et c'est avec cette misérable idée, j'en ai honte pour ma patrie, que depuis 17 ans, on agite le pauvre Peuple ! C'est pour cela que bourgeois et travailleurs ont chanté en chœur la *Marseillaise* dans 70 banquets, et, après une révolution aussi glorieuse que légitime, se sont abandonnés à une secte de doctrinaires ! Six mois durant, les députés de l'opposition, comme des comédiens en congé, ont parcouru la province, et pour fruit de leurs représentations à bénéfice, à la place du privilége politique, ils nous ont rapporté, quoi ? l'agrariat politique ! C'est sous ce drapeau scissionnaire que nous prétendons conserver l'initiative du progrès, marcher à l'avant-garde des nations dans les conquêtes de la liberté, inaugurer l'harmonie sur le globe ! Hier, nous regardions avec pitié les Peuples qui n'avaient pas su, comme nous, s'élever aux sublimités constitutionnelles. Aujourd'hui, tombés cent fois plus bas, nous les plaignons encore, nous irions avec cent mille baïonnettes leur faire partager avec nous les bienfaits de l'absolutisme démocratique. Et nous sommes la grande nation ! Oh ! taisez-vous ; et si vous ne savez ni faire de grandes choses, ni exprimer de grandes idées, conservez-nous, du moins, le sens commun.

Ayez huit millions d'électeurs, ayez-en huit mille, votre représentation, avec des qualités différentes, n'en vaudra ni moins ni plus.

Faites neuf cents députés, faites-en quatre-vingt-dix ; et la loi qu'ils fabriqueront, tantôt plus plébéïenne, tantôt plus bourgeoise, n'en sera ni meilleure ni pire.

Si je fonde quelque espoir sur l'Assemblée nationale, c'est bien moins à cause de son origine et du nombre de ses membres, qu'en raison des évènemens qui ne peuvent manquer de lui porter conseil, et du travail de la raison publique, qui sera à l'Assemblée nationale ce que la lumière est au daguerréotype.

6° La démocratie rétrograde et contradictoire.

Dans la monarchie, les actes de Gouvernement sont un déploiement de l'autorité ; dans la démocratie, ils sont constitutifs de l'autorité. L'autorité qui dans la monarchie est principe de l'action gouvernementale, dans la démocratie est le but du gouvernement. Il en résulte que la démocratie est fatalement rétrograde, et qu'elle implique contradiction.

Plaçons-nous au point de départ de la démocratie, au moment du suffrage universel.

Tous les citoyens sont égaux, indépendans. Leur collection égalitaire est le point de départ du pouvoir : c'est le pouvoir lui-même, dans sa plus haute expression, dans sa plénitude.

En vertu du principe démocratique, tous les citoyens doivent participer à la formation de la loi, au gouvernement de l'Etat, à l'exercice des fonctions publiques, à la discussion du budget, à la nomination des fonctionnaires. Tous doivent être consultés et dire leur avis sur la paix et la guerre, les traités de commerce et d'alliance, les entreprises coloniales, les travaux d'utilité publique, les récompenses à décerner, les peines à infliger ; tous enfin doivent payer leur dette à la patrie, comme contribuables, jurés, juges, et soldats.

Si les choses pouvaient se passer de la sorte, l'idéal de la démocratie serait atteint ; elle aurait une existence normale, elle se développerait en sens direct de son principe, comme toutes les choses qui ont vie et développement. C'est ainsi que le gland devient chêne, et l'embryon animal ; c'est ainsi que la géométrie, l'astronomie, la chimie, sont le développement à l'infini d'un petit nombre d'élémens.

C'est tout autre chose dans la démocratie, qui n'existe pleinement, d'après les auteurs, qu'à l'instant des élections, et pour la formation du pouvoir législatif. Cet instant passé, la démocratie se reploie ; elle rentre sur elle-même, et commence son travail anti-démocratique ; elle devient AUTORITÉ. L'autorité était l'idole de M. Guizot ; c'est aussi celle des démocrates.

Il n'est pas vrai, en effet, dans aucune démocratie, que tous les citoyens participent à la formation de la loi ; cette prérogative est réservée aux représentans.

Il n'est pas vrai qu'ils délibèrent sur toutes les affaires publiques, intérieures et extérieures : c'est l'apanage, non plus même des représentans, mais des ministres. Les citoyens causent des affaires, les ministres seuls en délibèrent.

Il n'est pas vrai que chaque citoyen remplisse une fonction publique : ces fonctions étant improductives doivent être réduites le plus possible ; par leur nature, elles sont donc exclusives de l'immense majorité des citoyens. Jadis, chez les Grecs, chaque citoyen occupait un emploi salarié par le trésor de l'État : sous ce rapport, l'idéal de la démocratie fut réalisé à Athènes et à Sparte. Mais les Grecs vivaient du travail des esclaves, et la guerre remplissait leur trésor : l'abolition de l'esclavage, la difficulté de plus en plus grande de la guerre ont rendu la démocratie impossible aux nations modernes.

Il n'est pas vrai que les citoyens participent à la nomination des fonctionnaires ; de plus, cette participation est impossible comme la précédente, puisqu'elle aurait pour effet de créer l'anarchie dans le mauvais sens du mot. C'est le pouvoir qui nomme ses subordonnés, tantôt suivant son bon plaisir, tantôt d'après certaines conditions d'admission ou d'avancement, indépendantes de la volonté des ministres, comme de celle des citoyens. L'unité du gouvernement, l'ordre et la discipline des fonctionnaires, la centralisation exigent qu'il en soit ainsi. L'article 13 de la charte de 1830, qui attribuait au roi *la nomination à tous les emplois d'administration publique*, est à l'usage de la démocratie comme de la royauté. Tout le monde, dans la révolution qui vient de s'accomplir, l'a compris de la sorte, à tel point qu'on a pu croire que c'était la dynastie du *National* qui succédait à la dynastie d'Orléans.

Il n'est pas vrai enfin que tous les citoyens participent à la justice et à la guerre : comme juges et officiers, la plupart sont éliminés ; comme jurés et simples soldats, tous s'abstiennent le plus qu'ils peuvent. En un mot, la hiérarchie dans le gouvernement étant la première condition du gouvernement, la démocratie est une chimère.

La raison que donnent de ceci tous les auteurs mérite qu'on l'étudie. Le Peuple, disent-ils, est hors d'état, par son ignorance, de se gouverner lui-même ; et quand il le saurait, il ne le pourrait pas. Tout le monde ne peut pas en même temps commander et gouverner ; il faut que l'autorité appartienne seulement à quelques uns qui l'exercent au nom et par la délégation de tous.

Ignorance ou impuissance, le Peuple, d'après la théorie démocratique, est incapable de se gouverner : la démocratie, comme la monarchie, après avoir posé comme principe la souveraineté du Peuple, aboutit à une déclaration de l'*incapacité du Peuple!*

Ainsi l'entendent nos démocrates, qui, une fois au gouvernement, ne songent qu'à consolider et fortifier dans leurs mains l'autorité. Ainsi l'a compris la multitude, qui s'est ruée aux portes de l'Hôtel-de-Ville, demandant des fonctions, de l'argent, du travail, du crédit, du pain ! Et voilà bien notre nation,

monarchique jusqu'à la moëlle, idolâtre du pouvoir,
dépourvue d'énergie individuelle et d'initiative républicaine, accoutumée à tout attendre de l'autorité, à ne rien faire que par autorité ! Quand la
monarchie ne nous vient pas d'en haut, comme autrefois, ou du champ de bataille, comme en 1800,
ou dans les plis d'une charte, comme en 1814 ou
1830, nous la proclamons sur la place publique,
entre deux barricades, en assemblée électorale, ou
dans un banquet patriotique. Buvez à la santé du
Peuple, et la multitude vous couronnera ! Quoi
donc ? est-ce que la royauté est le but et la démocratie le moyen ?...

Que les auteurs en pensent ce qu'ils voudront, la
République est aussi opposée à la démocratie qu'à
la monarchie. Dans la République, tout le monde
règne et gouverne ; le Peuple pense et agit comme
un seul homme ; les représentans sont des pléni-
potentiaires à mandat impératif et révocable à volonté ; la loi est l'expression de la volonté unanime ;
il n'y a d'autre hiérarchie que la solidarité des fonctions, d'autre aristocratie que celle du travail,
d'autre initiative que celle des citoyens.

Voilà la République, voilà la souveraineté du
Peuple !

III.

La démocratie affirmant la souveraineté du Peuple
est comme la théologie à genoux devant le saint
ciboire : ni l'une ni l'autre ne peut prouver le

Christ qu'elle adore, et encore moins le manifester.

Et quand on demande à la démocratie, impuissante à établir la légitimité et l'authenticité de son principe, à quoi elle peut être utile pour le bonheur de la société, la démocratie répond en accusant la monarchie, l'arbitraire de son gouvernement, ses priviléges, corruptions et dilapidations ; ses dédains pour la classe travailleuse, ses préférences pour la classe bourgeoise : promettant, quant à elle, d'agir autrement, et de faire tout l'opposé de la monarchie. — C'est encore ainsi que la théologie, lorsqu'on l'interroge sur son utilité positive, remonte au péché du premier homme, s'en prend à l'idolâtrie et au diable, accuse le désordre des passions, l'incertitude de la raison, la vanité des choses de ce monde, offrant de nous conduire à la vie éternelle par les sacremens et les indulgences.

La démocratie, en un mot, est, dans son point de départ une négation, dans sa forme une négation, dans son but encore une négation.

Mais, du moins, cette négation est-elle vraie? Est-il vrai que la démocratie, par ses institutions, profitera plus au Peuple que la monarchie? que son gouvernement coûtera moins que celui de la royauté?

Cette question est la dernière qui nous reste à examiner.

1. La démocratie impuissante à résoudre la question sociale.

Ce que les saint-simoniens ont appelé très improprement, comme nous le démontrerons par la suite, *organisation du travail*, n'est autre chose que la RÉPUBLIQUE.

République, réforme sociale, liberté, égalité, fraternité, c'est tout un. Or, regardez ce qui se passe sous vos yeux.

Qui est-ce qui règne et gouverne en ce moment à l'Hôtel-de-Ville? Qui envoie des commissaires dans les départemens, qui nomme et destitue les fonctionnaires, qui parle à l'Europe étonnée et attentive, qui fait les élections, dissout les compagnies d'élite de la garde nationale, donne cours forcé aux billets de banque, ajourne les remboursemens de la caisse d'épargne, crée des comptoirs, perçoit l'impôt par avance, frappe des contributions extraordinaires, donne la comédie gratis, multiplie, sous le nom de comptoirs de garantie, les Mont-de-Piété, prend toutes les mesures de salut public? — la démocratie.

Qui est-ce qui s'agite, se cherche, sans pouvoir parvenir à se formuler, au Luxembourg? — la République.

Dès le lendemain de la Révolution, la démocratie et la République, comme si elles se fussent dit un éternel adieu, se séparaient. Les hommes politiques, les notabilités de la science, du barreau et de la presse, prirent pour eux la démocratie. La République échut en partage à un historiographe, assez avisé pour juger qu'il recevait la meilleure part, mais si infecté lui-même de préjugés démocratiques, qu'a-

vec la meilleure volonté, le caractère le plus entre-
prenant, le concours des socialistes les moins sus-
pects, il est venu à bout, en quinze jours, de faire
désespérer de la République.

S'il m'était permis d'offrir le tribut de mes conseils à M. Blanc, je lui dirais :

« La question sociale restera pour vous insoluble
tant que vous la traiterez par la méthode démocratique, matérialiste et divisionnaire, au lieu de procéder d'ensemble et synthétiquement. Car voyez
ce que vous faites.

» Tantôt vous excitez la concurrence entre ouvriers et maîtres, tantôt vous la supprimez en abolis-
sant les tâches et marchandages. Un jour, vous supprimez le travail des couvens et des prisons, et le
lendemain, vous proposez de fonder quatre grands
hospices pour loger les ouvriers pauvres, qui devien-
dront ainsi des ouvriers de privilége. Vous voulez
détruire le paupérisme, et vous le consacrez par les
secours et palliatifs que vous lui apportez sous toutes
les formes. Par égard pour l'intérêt spirituel des ouvriers, vous réduisez les heures de travail, et vous
compromettez par cette réduction leur subsistance.
Vous dissertez tour à tour sur le capital, le salaire,
le crédit, les machines; vous proposez d'organiser
une commune d'essai, dans un milieu inassocié; et
vous ne voyez pas que par ces tentatives par-
tielles, vous vous égarez de plus en plus dans le
labyrinthe. Tout cela serait peut-être utile, si vous
ne vouliez que faire une revue des problèmes écono-

miques, et constater leur opposition. Mais procéder de la sorte, avec l'intention avouée d'arriver à une solution, c'est être à rebours de la logique et tourner le dos au but que vous vous proposez d'atteindre. Vous faites pour l'*organisation du travail* précisément ce que fait la démocratie pour exprimer la souveraineté du Peuple. Vous demandez à des élémens parcellaires une conclusion qu'ils ne peuvent jamais fournir, puisque la solution que vous croyez avoir trouvée pour l'un est constamment infirmée par la solution que vous donnez à l'autre ; comme dans le suffrage universel, la moitié plus une des voix, donne tort à l'autre moitié, ce qui est, à proprement parler, un escamotage de la République.

» Il faut changer de marche, ou renoncer à votre entreprise. Si vous n'avez l'esprit assez puissant, la conception assez large pour concilier dans un même principe toutes les questions, toutes les opinions, tous les intérêts, même antagonistes, vous ne ferez qu'augmenter le désordre. Vous faites la besogne de la démocratie, et vous trahissez la République. »

La démocratie suppose, *à priori*, l'indépendance absolue des citoyens. Elle n'admet entre eux de solidarité que celle qu'ils ont librement consentie. L'idée qu'elle se fait de la société est celle d'un contrat, avoué ou tacite, dont les clauses sont l'expression d'une volonté souveraine en soi et inviolable. Elle ne comprend la liberté et l'égalité qu'à la manière barbare, c'est à dire comme droits négatifs, l'un de tout empêchement, l'autre de toute supériorité. Elle n'y voit pas, avec l'économiste, le produit d'une organisation dans laquelle chaque existence est la résultante de toutes les autres existences.

Pour ce qui concerne l'Etat, ce n'est, aux yeux de la démocratie, qu'une trève rendue permanente entre des individualités implacables, qui ne transigent jamais que sur les points où il n'y a plus d'intérêt pour personne à se battre ; ou si parfois la démocratie saisit l'Etat dans ce qu'il a de réel et de positif, elle le considère seulement comme instrument de domination, et elle tend en conséquence à y faire entrer le plus de monde possible, ce qui ramène toujours l'insolidarité et l'anarchie.

Dans une telle disposition d'esprit, et avec de pareilles idées, comment la démocratie devait-elle considérer la question sociale ? et comment pouvait-elle essayer de la résoudre ?

La démocratie ne pouvait concevoir qu'une chose, c'est que le pouvoir, passant de la classe privilégiée à la classe travailleuse, devenait pour celle-ci un moyen d'émancipation aux dépens de celle-là ; qu'ainsi le pouvoir était moyen de liberté pour le prolétaire, par la réduction du travail, l'augmentation du salaire, la participation aux bénéfices des maîtres, etc.; — moyen d'égalité, par la réforme de l'impôt, de proportionnel rendu progressif; par la concurrence faite aux entrepreneurs au moyen de primes accordées par l'Etat aux travailleurs dits nationaux et payées par les entrepreneurs; par l'application du principe électif à tous les emplois ; — moyen de fraternité par la création de caisses de secours, pensions, retraites, établissemens philanthropiques de toute nature entretenus aux frais des riches et au profit des prolétaires.

L'expérience et la théorie ont démontré que tous ces moyens étaient impraticables, et que leur application serait la ruine et la conflagration de la société. Mais la démocratie ne s'inquiète point des leçons de la science et de l'enseignement des faits. Elle a le pouvoir, elle règne et gouverne; elle inscrit en tête de tous ses actes les mots sacramentels de LIBERTÉ, ÉGALITÉ, FRATERNITÉ; elle a la ferme résolution d'appliquer ses principes; nulle opposition ne peut la retenir; il faut s'attendre à tout. ADVIENNE QUE POURRA! L'organisation de la société n'est, pour le démocrate, que le renversement des rapports établis : cela résulte invariablement de tous les programmes publiés au nom de la démocratie.

Citons un exemple.

M. de Lamartine, dans sa déclaration de principes du 24 octobre 1847, après s'être prononcé pour la monarchie représentative et héréditaire, après avoir exprimé son admiration *pour la pyramide des trois pouvoirs*, royauté, chambre des pairs, chambre des députés, propose :

La souveraineté exercée du Peuple. — Exercée par qui? comment? M. de Lamartine ne soupçonne seulement pas l'immensité du problème.

Le droit électoral réparti à tous les citoyens. —

C'est la loi agraire; c'est plus que cela, c'est l'aliénation de la souveraineté.

Les assemblées primaires nommant des électeurs pour une fonction temporaire; les électeurs nommant des représentans pour un temps limité. — Représentation à triple étage, conséquence de la pyramide. Que deviendras-tu, ô Peuple, quand ta souveraineté aura passé par cette filière?

Les représentans, non pas livrés à la corruption des ministres, mais salariés par le Peuple, pour enlever tout prétexte à leur servilité. — Tout citoyen étant censé vivre de son travail, l'indemnité allouée au député est en soi une chose juste. Mais le motif donné par M. de Lamartine est pitoyable. En quoi le salaire du député serait-il un obstacle à la corruption ministérielle? Comme si l'homme vénal était embarrassé de recevoir des deux mains! À la corruption ministérielle on ajoute une prime de 25 fr. par jour : je ne vois pas jusque là de réforme.

Les fonctionnaires à leurs postes et non pas dans les chambres où ils jouent deux rôles incompatibles, celui de contrôleurs et de contrôlés. — M. de Lamartine établit des incompatibilités. Soit : je le prie seulement de pousser son principe jusqu'au bout. Il y a, si l'on veut, incompatibilité à ce qu'un procureur-général vote le budget de la justice; un militaire, le budget de l'armée; un préfet, le budget de la police; un ingénieur, le budget des travaux publics. Mais il y a incompatibilité aussi à ce qu'un négociant, un manufacturier, un commissionnaire, vote une loi de régie, d'octroi ou de douane ; un propriétaire, une loi de contribution foncière ; un marchand de vin, une loi sur les boissons ; un banquier, une loi de finance , un projet d'emprunt ou de conversion, etc., etc., etc. Il y a incompatibilité entre toutes les fonctions sociales et le vote du budget et des lois. Les propriétaires fonciers, sous prétexte que l'agriculture est la nourrice de l'Etat, veulent qu'on réduise leur part ; les industriels demandent des protections ; les voituriers des franchises, comme les fonctionnaires publics des augmentations de traitement. Votre système représentatif est absurde, vous dis-je : la contradiction y fourmille partout.

Une Assemblée nationale.—Dites une conjuration, à moins que ce ne soit une confusion.

La liberté de l'enseignement, sauf la police des mœurs. —Ce n'est pas de l'organisation.

La liberté de la presse par la révocation des lois de septembre.— Ce n'est pas de l'organisation.

Une armée permanente et une armée de réserve.— Pourquoi faire ? Ce n'est toujours pas de l'organisation.

L'enseignement gratuit.—Gratuit ! vous voulez dire payé par l'Etat. Or, qui paiera l'Etat ? le Peuple. Vous voyez que l'enseignement n'est pas gratuit. — Mais ce n'est pas tout. Qui profitera le plus de l'enseignement gratuit, du riche ou du pauvre ? Evidemment ce sera le riche : le pauvre est condamné au travail dès le berceau. Ainsi la gratuité de l'enseignement produira exactement le même effet que les bourses données par M. Guizot aux électeurs.: qu'en pensez-vous, citoyens?

Enfin, comment M. de Lamartine accorde-t-il la gratuité de l'enseignement avec la liberté de l'enseignement? L'Etat paiera-t-il les instituteurs primaires et les Ignorantins? les colléges des jésuites et ceux de l'Université? C'est impossible. Or, si l'Etat paie les uns et ne paie pas les autres, la liberté n'existe pas, puisque l'égalité est détruite. C'est toujours de l'exclusion ; ce n'est pas de l'organisation, et encore moins de la conciliation.

La fraternité en principe et en institutions. —Comment cela? Est-ce que l'on décrète la fraternité?

La liberté progressive du commerce et des échanges. — La liberté progessive du commerce est comme l'extension progressive du droit électoral. Si le commerce ne peut être libre que sous condition, il ne le sera jamais. L'inégalité des moyens est éternelle; et sous le régime de la propriété, cette inégalité ne se compense pas.

La vie à bon marché par la réduction des taxes qui pèsent sur les alimens. —La propriété foncière est déjà surchargée ; la circulation surchargée ; les droits de mutation excessifs ; il en est ainsi de tous les impôts. Où prendrez-vous cinq cents millions que produisent les taxes qui pèsent sur les alimens?

Une taxe des pauvres, malgré les calomnies par lesquelles l'égoïsme des économistes cherche à décréditer cette institution. —J'ose affirmer à M. de Lamartine que le Peuple est sur ce point du même avis que les éonomistes. Le Peuple demande, non une taxe des pauvres, un brevet de perfectionnement de la misère; il demande qu'il n'y ait plus de pauvres. La taxe des pauvres, c'est de la philanthropie, ce n'est pas de l'organisation.

Les enfans trouvés adoptés par l'Etat. — Philanthropie! Le Peuple demande qu'il n'y ait plus d'enfans trouvés, il veut que toutes les filles soient sages; et vous, vous proposez de nourrir aux frais des vierges les bâtards des prostituées. A ce régime là, nous serons bientôt en pleine phanérogamie : alors la famille deviendra ce qu'il plaira à Dieu!

L'extinction de la mendicité. —Oui, au moyen de la taxe.

Des asiles pour les infirmes. —C'est de la philanthropie.

Des ateliers de travail pour les valides.—Et sans doute aussi des débouchés !

La charité sociale promulguée par de nombreuses lois à tous les besoins, à toutes les souffrances, à toutes les misères du Peuple. —C'est à dire que pour subvenir à tous les besoins, à toutes les souffrances, à toutes les misères, M. de Lamartine ne demande qu'une chose : de l'argent!

Un budget de la libéralité de l'Etat. —Des fonds secrets! de l'argent!

Un ministère de la bienfaisance publique. — De l'argent.

Un ministère de la vie du Peuple. —De l'argent,

de l'argent, toujours de l'argent, voilà le nerf de la démocratie comme de la guerre. Donnez à la démocratie beaucoup d'argent et elle fera tout ce que vous voudrez. De l'argent pour les députés , de l'argent pour les infirmes, de l'argent pour les mendians, de l'argent pour les savans, les artistes, les gens de lettres; pour tous ceux qui seront amis du gouvernement, ou amis des amis du gouvernement; de l'argent pour tout le monde, comme des dragées à un baptême. Mais les moyens de se procurer tout cet argent, M. de Lamartine n'en parle pas : c'est la seule chose qu'il oublie.

Pour couronner ce programme, M. de Lamartine, après avoir dit en parlant de son *Histoire des Girondins* : « J'ai commencé ce livre girondin, je l'ai fini » montagnard, » publiait dans la *Presse* du 16 novembre, à propos du banquet socialiste d'Autun, la profession de foi que voici :

« Nous sommes de la foi de Mirabeau, de Bailly, de » Syeyès, de Vergniaud, de Lanjuinais, de Lafayette ; » nous ne sommes pas du schisme de Desmoulins. » Il observait en outre que Robespierre et Danton avaient été contre les *enivreurs* du Peuple qui ne veulent pas de propriété.

M. de Lamartine, en un mot, est démocrate; il l'est par le cœur, par les idées, par la logique, par la philanthropie : il n'est pas républicain.

Tous les programmes, tous les vœux qui ont été émis dans les soixante-dix banquets qui ont amené la chute de la dynastie, rentrent dans le programme de M. de Lamartine. C'est toujours le même préjugé représentatif, toujours le même culte de la multitude, toujours les mêmes palliatifs de philanthropie.

Et tout ce qui se fait, se prépare, se médite, au Luxembourg comme à l'Hôtel-de-Ville, est inspiré du même génie.

La démocratie encouragera la caisse d'épargne, développera l'assurance, créera une caisse de retraite, fera empierrer quelque route, reboiser quelque crête, draguer quelque rivière, reporter quelque terrain ; elle donnera dix millions aux fouriéristes pour expérimenter l'*organisation du travail* sur une lieue carrée, et logera aux frais de l'Etat quelques centaines de travailleurs pauvres. — Pour cela, elle augmentera le budget de 600 millions ; elle s'emparera de la grande, et puis de la petite industrie ; elle dépréciera les valeurs industrielles et commerciales ; elle tarira la source des capitaux ; elle affligera le travail libre, inquiétera le commerce libre, tuera l'enseignement libre, menacera la consommation libre, proscrira le suffrage libre.

C'est pour cela que la démocratie arrête en ce moment la circulation, pour cela qu'elle fait fermer les ateliers, pour cela qu'elle frappe de nullité les transactions, pour cela qu'elle clot le marché, pour cela qu'elle met le commerce, et l'industrie, et l'agriculture, et l'Etat, en faillite. Or, en matière de gouvernement, tout ce qui résulte logiquement du principe, est imputable à l'intention.

La liberté, sachez-le bien, est incompatible avec

la démocratie comme avec la monarchie. Autrefois, c'était sur l'esclavage d'une caste que se fondait l'existence de la démocratie ; maintenant ce sera sur l'esclavage de tout le monde.

2° La démocratie plus chère que la monarchie.—Conclusion.

Je dois avertir que dans ce paragraphe je raisonne surtout au point de vue gouvernemental, et que je considère l'Etat, non comme l'ensemble des fonctions publiques, mais comme le lien qui les réunit et qui, par cette réunion, exprime la souveraineté nationale.

Ainsi l'administration des travaux publics est une certaine fonction du corps social, qui a sa spécialité, son utilité, sa dépense propre, mais qui n'est pas l'Etat. De même les ministères de la justice, de l'instruction publique, de la marine, etc., sont des fonctions corporatives, comme l'industrie, le commerce et l'agriculture, mais ne sont pas non plus l'Etat.

L'Etat, dis-je, est le lien qui réunit en faisceau toutes les fonctions diverses : c'est le pouvoir, l'organe centralisateur, l'autorité.

Les fonctions qui agissent sous la surveillance immédiate de l'Etat, doivent, comme les fonctions restées libres, recevoir, par la réforme économique, des modifications et améliorations profondes. C'est ainsi que le budget qui, pour l'exercice 1848, forme un total d'à peu près 1,450 millions, en y comprenant ce que je nommerai les frais de l'Etat, doit se réduire progressivement de moitié, de trois quarts, de cinq sixièmes, etc. Mais tant que le principe de cette réforme reste inconnu ou incompris, la réduction du budget, en général, de même que l'extinction du paupérisme, est une utopie, une chimère.

Or, ce qui est vrai des fonctions libres et des fonctions administratives, est également vrai de l'État. Aucune réduction n'y est possible en dehors de la réforme économique.

J'ajoute, et c'est l'objet de la discussion dans laquelle je vais entrer, que si l'Etat coûtait à la France, sous la monarchie constitutionnelle, dix fois plus qu'il ne doit coûter sous la République, il coûtera avec la démocratie dix fois plus que sous la monarchie.

Voici, d'après le budget de 1848, quelles sont les dépenses de l'Etat, dans lesquelles je comprends, outre la liste civile et les dotations des chambres, tout ce qui, dans les divers ministères, concerne les administrations centrales, en un mot, l'autorité sous toutes ses formes.

Liste civile.	13,300,000
Chambre des pairs.	790,000
Chambre des députés.	832,150
Ministère de la justice.	579,500
Conseil d'Etat.	803,800
Cultes.	242,000
Affaires étrangères, la dépense totale.	8,885,422

Instruction publique..	565,500
Intérieur, administration centrale.	1,328,000
Fonds secrets.	932,000
Préfectures et police.	8,527,200
Agriculture et commerce.	703,550
Travaux publics	644,500
Guerre.	2,337,350
Marine.	1,135,770
Finances.	6,678,841
Id. Cour des comptes.	1,262.895
Ensemble.	49,445,478

Soit, 50 millions, en nombre rond, que, d'après le budget officiel de 1848, coûtait l'Etat, en tan qu'organe de l'autorité, du pouvoir et de la centralisation.

La monarchie ne fait aucune dépense pour *l'organisation du travail* ; elle n'a point de *ministère du progrès*. Aimant le *statu quo* par nature, elle contient, retient, enraie et empêche le mouvement tant qu'elle peut ; elle se laisse tuer plutôt que de marcher.

Or, la royauté abolie, l'organisation nationale réduite à une seule chambre, l'aristocratie officielle supprimée, les traitemens des hauts fonctionnaires réduits de deux tiers, tous les emplois de création purement monarchique supprimés : j'ose dire que les dépenses de l'Etat seraient diminuées d'au moins neuf dixièmes : la souveraineté du Peuple ne coûterait, avec l'organisation républicaine, pas plus de cinq millions par an.

C'est là le bon marché que tous les hommes d'Etat s'efforcent d'obtenir, et que se propose de réaliser la démocratie. Nous avons maintenant à établir son budget.

Je divise les dépenses d'Etat de la démocratie en trois catégories :

1° *Frais d'avènement ;*

2° *Frais de gouvernement* ;

3° *Frais de progrès.*

1. Les frais d'établissement de la démocratie peuvent s'évaluer comme suit (je suppose l'agitation calmée et la révolution achevée au bout d'un an) :

Dommages causés par le fait matériel de l'insurrection, valeurs perdues, détruites ou soustraites ; dégats commis, suspension des services publics ; frais d'installation du Gouvernement provisoire ; envoi de commissaires, etc., etc., 20,000,000

Chômage pendant 90 jours, la réduction des heures de travail y comprise, de 3 millions de travailleurs, à 2 fr. en moyenne par jour : 540,000,000

Intérêts de matériel, sur un capital de 5 milliards, pendant le même chômage. 180,000,000

Chômage du commerce, faillites, soit dépréciation de 10 p. 0⟨0 sur une valeur totale de 5 milliards, représentant la moitié de la production annuelle du pays : 500,000,000

Augmentation de 45 cent. sur la contribution foncière. 193,000,000

Intérêt pendant 6 mois de 200 millions d'impôt, payés d'avance. 5,000,000

Préjudice aux porteurs de bons du trésor et de

billets de banque, ainsi qu'aux déposans à la caisse
d'épargne, par suite des décrets du Gouvernement
provisoire, 10 p. 0[0 sur une valeur totale de 600
millions.   60,000,000
     Ensemble - 1,408,000,000
Consolidés à 5 p p. 0[0   70,400,000

Ainsi, par le seul fait de son avènement aux
affaires, et en raisonnant dans l'hypothèse la plus
favorable, la démocratie aura fait supporter au pays
une perte de plus de 1,400 millions; c'est à dire, en
capitalisant, qu'elle aurait déjà grevé le budget d'une
somme de 70 millions, en supposant que les frais
d'Etat, et toutes les dépenses ordinaires et extraordinaires, sous le nouveau gouvernement, ne fussent
pas plus forts que sous la monarchie constitutionnelle.

L'augmentation sera bien plus forte, s'il est vrai,
comme nous allons le démontrer, que l'Etat, l'administration et le progrès, coûtent plus sous cette
forme de gouvernement que sous l'autre.

 2. *Frais d'Etat de la démocratie.*

Deux causes rendent le gouvernement démocratique plus cher que le monarchique : d'un côté, la
tendance à faire intervenir sans cesse la totalité des
citoyens dans les affaires du gouvernement, contrairement à la loi de division du travail ; d'autre part,
la tendance à ramener à l'Etat les fonctions libres
que la monarchie, par analogie de principe, laissait
en dehors de l'Etat, et ceci contrairement à la loi de
réduction des frais généraux.

Ainsi, aux 70 millions dont la démocratie est grevée par le fait de son arrivée au pouvoir, ci.   70,000,000

Il faut ajouter :

Temps perdu de 441 députés, que la démocratie ajoute aux 459 de l'ancien Gouvernement, par la raison que 900 représentent mieux 35,500,000 que 459.—A 25 f. par jour et par député, pendant 250 jours,   2,756,250

Salaire de neuf cents députés pendant le même temps,   5,625,000

Élections générales. Elles coûtaient à l'État, sous le Gouvernement déchu, deux millions, pour réunir 250,000 électeurs. Elles ne peuvent coûter moins sous la démocratie, ci,   2,000,000

Les mêmes élections coûtaient aux électeurs, frais de voyage, banquets et temps perdu, 3 jours à 10 fr. pour 200,000 électeurs, quatre millions, soit par année, 1,333,333. Avec la démocratie, six millions d'électeurs, 3 fr. par jour et par tête, 2 journées de temps perdu, 36 millions ; différence   34,666,666

Dépenses diverses à la charge des citoyens pour l'accomplissement des devoirs civiques, élections municipales, de la garde nationale, etc.; nomination aux emplois, fonctions du jury, clubs, revues, banquets, 10 journées par an.— Sous les anciennes démocraties, le citoyen passait sa vie entière sur la place publique, 365 jours donnés chaque année aux affaires de l'État. Je réduis cette dépense à 12 jours pour la démocratie moderne, en raison du principe représentatif : c'est moins du 30ᵉ de ce qu'elle coûtait autrefois, 6 millions de citoyens, 10 jours à 3 fr. par jour et par tête,   180,000,000

Frais de matériel, salles de réunions, armement et équipement, service des assemblées, éclairage, chauffage, imprimés, etc. — 25 fr. par tête et par an   150,000,000

Dépense des administrations centrales, réprésentant, avec les six millions de citoyens, le Peuple et l'État. Je compte au plus bas   5,000,000

Total des frais d'installation et gouvernement,
450,047,916

3. *Frais d'organisation du travail.*

La démocratie est entreprenante ; elle entend ne pas garder le *statu quo ;* elle a fait au prolétariat d'immenses promesses, et son intention est de les tenir.

Or, avec un ministère du progrès,

Un ministère de la bienfaisance publique,

Un budget des libéralités de l'État,

Une création d'ateliers nationaux,

Des fermes d'essai, des communes d'essai, des phalanstères d'essai ;

Avec l'immense personnel d'inspecteurs, directeurs, contrôleurs, contre-maîtres, etc., etc., que tout cela suppose, la démocratie sera modeste, si cette grande initiative de l'État ne coûte au pays que 100 millions par an. Je porte 60,000,000, ce qui donne un total, pour le budget de l'État, en nombre rond, de   500,000,000

dix fois autant que sous la monarchie constitutionnelle.

Mais, direz-vous, qu'importent les 500 millions
que l'exercice de la souveraineté coûtera au pays dans
le système démocratique, si les améliorations administratives, économiques et financières, que la
démocratie nous promet, couvrent à leur tour trois
ou quatre fois cette somme? En résultat, nous aurons gagné, et nous serons libres ; nous aurons *La
iberté DANS l'ordre*, et non pas *la liberté ET l'ordre!*

Les avantages qu'on peut attendre du nouveau
Système sont de cinq espèces :

Réduction de l'effectif de l'armée;

Diminution du nombre des emplois par la simpli-
fication administrative;

Suppression de la vénalité, de la corruption, des
fraudes, etc., dans l'administration;

Économies dans les dépenses;

Surcroît de production, et augmentation de la richesse publique, par les ateliers nationaux et l'organisation du travail.

Un coup d'œil sur ces divers chefs de réformes
montrera de quelles illusions se bercent ceux qui at-
tendent de la démocratie quelque amélioration au
sort de l'humanité.

L'armée? Vous ne pouvez la diminuer qu'autant
que la question sociale sera résolue, non seulement
pour la France, mais pour l'Europe. Sans cette solution, l'armée vous est indispensable, au dedans
pour contenir le prolétariat et la propriété, qui

déjà se menacent et se mesurent du regard ; au dehors, pour défendre votre nationalité et établir votre influence dans les conseils de la diplomatie européenne. Car, en supposant les royautés partout abolies, les nationalités restent, c'est à dire toutes les prétentions rivales des anciens gouvernemens. Or, la démocratie est impuissante à résoudre la question sociale et à constituer la république des nations ; comme la monarchie, elle ne peut garder la paix qu'au moyen de traités plus ou moins solides ; comme la monarchie enfin, elle règne par la distinction des castes et la prépondérance de l'Etat. La démocratie n'a pas un homme, pas un écu d'économie à faire sur l'armée.

L'administration? — Les journaux ont publié dernièrement le chiffre d'augmentation des traitemens de 1830 à 1848 : ce chiffre est de 65 millions. On n'a pas manqué d'en conclure que le gouvernement déchu avait augmenté le personnel administratif de 65,000 employés, en supposant la moyenne des salaires de l'Etat à 1,000 fr. Mais il est possible, il est presque certain, que la totalité de ces 65 millions consiste en augmentations de traitemens sur plusieurs centaines de mille individus salariés de l'Etat, ce qui ferait environ 200 à 300 fr. par tête. Or, si l'Etat veut faire vivre tous ceux qu'il emploie, et dont le service est indispensable, 40,000 instituteurs primaires, 50,000 douaniers, 20,000 facteurs, 6,000 gardes forestiers, une foule de petits employés de la régie, des ponts et chaussées, des préfectures, etc., dont le salaire ne monte pas à 800 fr.; ce n'est pas 65 millions, c'est 200 millions qu'il faut ajouter au budget. J'attends à l'œuvre nos hommes d'Etat.

La corruption? — J'aime à croire qu'à l'avenir on n'en parlera plus. Mais c'est se moquer que de rejeter sur les *marchés onéreux* passés par le gouvernement déchu le déficit où nous sommes.

Sur une dépense totale de 1,450 millions, 200 millions à peine peuvent donner lieu à des marchés entre l'Etat et les entrepreneurs. Sur cette masse d'affaires, une partie ne produit aux entrepreneurs que de la perte; une autre rend un bénéfice légitime; le reste, que je suppose plus ou moins infecté de corruption, procure aux corrupteurs et aux corrompus un surcroît de profit injuste. C'est la compensation des pertes éprouvées sur la première partie d'opérations; et je ne crois pas que la somme des pots de vin aille, par année, jusqu'à 5 millions. Avec 5 millions, on peut corrompre chaque année 500 fonctionnaires, en supposant le prix moyen de la corruption à 10,000 fr. Une pareille vénalité, dans l'armée, les travaux publics, l'administration, etc., est incroyable.

L'économie des dépenses? — Autre illusion.

Si la démocratie pouvait organiser l'Etat de manière à ce qu'il rendît le plus de services possible au meilleur marché possible, elle saurait par là même organiser la société, elle serait République. Ainsi, les frais de régie, perception des impôts, exploita-

tion des revenus publics, en y comprenant le ministère entier des finances, coûtent au pays plus de
174 millions. Je prouverai, dans le cours de cet ouvrage, que cet article du budget peut se réduire
facilement de plus de 100 millions. Mais, pour réaliser cette économie, il faut changer l'impôt, dans
sa nature, son assiette, sa répartition ; il faut changer
la comptabilité de l'état ; remanier de fond en comble
administration, commerce, finance ; il faut, en un
mot, résoudre le problème social, et nous avons
prouvé que la démocratie est impuissante contre ce
problème.

Bien loin que la démocratie puisse réduire le
budget actuel, il y a dix contre un à parier qu'elle
l'augmentera. Car, si l'Etat proprement dit coûte à
la démocratie dix fois plus qu'à la monarchie, les
mêmes causes agissant sur les diverses administrations comme sur l'Etat, un accroissement de dépenses est inévitable. Autrement, la démocratie
rétrograderait, ce serait une monarchie déguisée.

L'organisation du travail ! — J'ai porté à 50 millions seulement la perte nette qui doit résulter pour
le pays de cette organisation modèle, parce que je
suppose que 24 millions de campagnards et 7 millions d'industriels, fabricans, commerçans, etc.,
etc., ne se laisseront point absorber par l'Etat, et
convertir, malgré leurs dents, en travailleurs nationaux. S'il en devait être autrement, si la faction
démagogique était assez influente pour arracher au
Peuple, avec l'abdication de sa souveraineté poli-

tique, le renoncement à sa liberté industrielle, ce n'est plus un budget de 1,900 millions que nous aurions à payer pour les services actuellement réunis dans l'Etat ; ce serait, pour la totalité du travail national, un budget de 12 milliards.

Or, comme la production annuelle de la France, le service de l'Etat, de l'administration, de la justice, etc., y compris, n'est pas de 10 milliards, nous serions donc en déficit, de ce seul fait, chaque année, d'un cinquième sur la production actuelle, soit 2 milliards. Mais il est prouvé, démontré, que tout service exécuté par l'Etat coûte en général 50 p. 0[0 plus qu'il ne vaut, témoin les ponts-et-chaussées, témoin la perception des revenus publics, témoin la protection du travail national, autrement dite la douane, etc. En autres termes, il est prouvé que le travailleur libre, converti en fonctionnaire public, devient moitié moins capable, travaille moitié moins, produit moitié moins, comme l'organisme dont il fait partie. L'organisation démocratique du travail aurait donc ce résultat définitif : tandis que la dépense nationale serait comme 12, la recette serait comme 6. A quoi serviraient, dans ce système, le cours forcé des billets de banques, la prorogation des bons du trésor, les comptoirs nationaux, les bons de garantie, les reconnaissances du Mont-de-Piété, le papier-monnaie? A quoi servirait même l'argent? L'organisation du travail par la démocratie ! c'est l'organisation de la misère.

La raison de ce fait, outre l'augmentation générale des salaires et la réduction aussi générale des heures de travail auxquelles s'est condamnée la démocratie, est dans l'accroissement des frais généraux, frais qui pour la société comme pour l'Etat, doivent être en raison inverse de la production ; mais qui, par l'influence des idées monarchiques et démocratiques qui dominent les institutions et les intelligences, sont presque partout en raison directe du produit.

Tout le monde devrait savoir, et peu de gens savent malheureusement, même parmi les économistes, que dans toute entreprise, les frais généraux croissent progressivement avec l'extension que l'entrepreneur donne à ses affaires, en sorte qu'il est un point où, toutes choses d'ailleurs égales, le bénéfice tout entier est couvert par les frais généraux.

Pour l'entrepreneur de commerce, d'industrie, d'agriculture, les frais généraux sont des frais d'Etat.

Ces frais, qui grèvent aujourd'hui la production nationale de plus de deux milliards doivent, sous la République, se réduire comme le budget de l'Etat.

Mais la démocratie est l'idée de l'Etat étendue à l'infini ; c'est la réunion de toutes les exploitations agricoles en une seule exploitation agricole ; de toutes les entreprises industrielles en une seule entreprise industrielle ; de toutes les maisons de commerce en une seule maison de commerce ; de toutes les commandites en une seule commandite. C'est par conséquent, non la décroissance à l'infini des frais généraux, comme cela doit être sous la République ; mais l'augmentation à l'infini des frais généraux...

Trente jours de dictature ont mis à nu l'impuissance et l'inanité de la démocratie. Tout ce qu'elle possédait de vieux souvenirs, de préjugés philanthropiques, d'instincts communistes, de passions discordantes, de phrases sentimentales, de tendances anti-libérales, en un mois, a été dépensé. Elle a emprunté à l'utopie et à la routine ; elle a consulté les empiriques et les charlatans ; elle a tendu la main aux agioteurs émérites ; elle s'est fait prêcher par les clercs de la bazoche ; elle a reçu l'eau bénite de Monseigneur. Or, dans tout ce que la démocratie a proposé, décrété, débité, fulminé depuis un mois, qui oserait dire que le Peuple se soit une seule fois reconnu ?

Je conclus en reproduisant ma question : La souveraineté du Peuple est le point de départ de la science sociale : comment donc s'établit, comment s'exprime cette souveraineté ? Nous ne pouvons faire un pas avant d'avoir résolu le problème.

Certes, je le répète, afin qu'on ne s'y méprenne. Je suis loin de dénier aux travailleurs, aux prolétaires, pas plus qu'aux bourgeois, la jouissance de leurs droits politiques ; je soutiens seulement que la manière dont on prétend les en faire jouir n'est qu'une mystification. Le suffrage universel est le symbole de la République, ce n'en est pas la réalité.

Aussi voyez avec quelle indifférence les masses ouvrières accueillent cette universalité du suffrage !

On ne peut obtenir d'elles qu'elles aillent se faire inscrire. Pendant que les philosophes vantent le suffrage universel, le bon sens populaire se moque du suffrage universel !

La République est l'organisation par laquelle toutes les opinions, toutes les activités demeurant libres, le Peuple, par la divergence même des opinions et des volontés, pense et agit comme un seul homme. Dans la République, tout citoyen, en faisant ce qu'il veut et rien que ce qu'il veut, participe directement à la législation et au gouvernement, comme il participe à la production et à la circulation de la richesse. Là tout citoyen est roi ; car il a la plénitude du pouvoir, il règne et gouverne. La République est une anarchie positive. Ce n'est ni la liberté soumise A l'ordre comme dans la monarchie constitutionnelle, ni la liberté emprisonnée DANS l'ordre, comme l'entend le Gouvernement provisoire. C'est la liberté délivrée de toutes ses entraves, la superstition, le préjugé, le sophisme, l'agiotage, l'autorité; c'est la liberté réciproque, et non pas la liberté qui se limite ; la liberté non pas fille de l'ordre, mais MÈRE de l'ordre.

Voilà le programme des sociétés modernes. Que ce soit l'absolution de la démocratie de l'avoir, en quelque sorte, formulé, par le spectacle de ses contradictions.

www.ingramcontent.com/pod-product-compliance
Lightning Source LLC
Chambersburg PA
CBHW052033270326
41931CB00012B/2472